# 正義とケアの現代哲学

## プラグマティズムから正義論、ケア倫理へ

徳永 哲也 著

晃洋書房

# まえがき

難しいであろうことを、いかにも難しそうに書いてはいけない。難しいかもしれないことを、やさしくわかりやすく書いて、なおかつ真髄を外さないようにするのだ。それが哲学書を書くときの使命だ。——そう考えられるようになったのは、哲学の専任教員となってから一〇年くらいたってやっとかもしれない。それまではおそらく、緻密な論理と深い洞察を示して「深遠な文章」を書こうと肩に力が入っていたのだな、と今では自戒をもって振り返っている。

さて、本書は、「現代社会を哲学から考えよう。そこで正面から取り組むべきテーマは、二〇世紀後半からの正義論と、二〇世紀終盤から二一世紀の今にかけて論じられるケア倫理である。これらを実際的・実用的に、プラグマティックに考えよう」という姿勢で取り組んでみた。一九七〇年代からのロールズvsノージックをはじめとする正義をめぐる論争、そして八〇年代から今日まで続くギリガンやノディングスなどのケア倫理（「ケアの倫理」という呼称が一般にあるが現代史の固有名辞として「ケア倫理」と本書では表記する）の議論は、哲学だけでなく政治経済の組み立てや福祉社会づくりの現実への問題提起となっている。そう考えてこのテーマを設定した。

ウルトラマンだって、怪獣を殺すことが正義なのか、と悩む。ゴジラだって、キングギドラやコングと闘わされて、時に「正義の味方」、時に「人類の脅威」を演じさせられる。正義はどこにあるのか、は大人にも子どもにも厄介な問いだ。

ケアは、とりあえずは「やさしい」言葉だ。福祉的な配慮を感じさせる。しかし、例えば「ヤングケアラー問題」を取り上げれば、中学生・高校生が親や祖父母の世話を過重に背負わされる事例がたくさん報告されて、ケアが

「労苦」として浮き彫りにされる。

正義もケアも、すぐれて現実的な課題であると同時に、深く人間本性を問う哲学的な課題なのだ。それを哲学史の中に位置づけて現代哲学の焦点として取り上げること、現実に役立てる実用主義（プラグマティズム）の思想潮流に乗せて議論すること、そんな意図をもって本書を書いた。

大学生などの若者に読んでもらいたい、そして一般の人々にも……という意識は強く抱いている。プラグマティズムの思潮に連なる現役の哲学者はいるし、正義論やケア倫理の専門研究者もいる。しかしそれらの人がその専門分野で書いた書物は、普通の人にはやはり難解なままであることが多い。私自身、哲学系の書物や論文を読む立場で言うと、「なるほど、そう説明されると〝わかった〟となれる」という、目から鱗が落ちるような体験は少ない。難儀して読んで、悩んで解釈して、いくらかわかったなら自分の言葉で表現して、という苦労の繰り返しだった。

だからと言って、今の私が「人に読んでもらうなら、わかってもらえるように書こう。実際にそう書いている」という境地にたどり着けたかはわからない。ただ、プラグマティズムや正義論やケア倫理の専門家から「そこまでざっくり解釈すると厳密でなくなる」という批判を受けることは覚悟して、思い切った「徳永なりのまとめ」を随所に提示した。これが功を奏しているかは、読者の皆さんにゆだねよう。

この本を手に取ってくれた人たちに、現代の哲学者たちは、そして徳永は、このように時代を読み解こうとしているのだね、と思ってもらえることを願っている。

正義とケアの現代哲学

目次

# 第1章　哲学と現代社会

## 1　哲学を求める現代

### (1) 哲学への希求

ミネルヴァのふくろうは夕暮れ時に飛び立つ——知恵の神ミネルヴァの化身ふくろうは昼間の諸活動が静まるころに動き始める、という意味を持つヘーゲルの名言で、知恵の代表である（かもしれない）哲学が何かを語れるのは経済その他の実体的活動が一段落してからである、と解釈される。つまり、近代哲学の総括者ヘーゲル（一七七〇—一八三一）の目で見ても、哲学は世界の現実を後追いする知性なのだ。

たしかに、哲学が指針を示してそれに従って経済や政治が動くのではないだろう。哲学的真理が先にあって学問や芸術がそれを形にするのでもないだろう。では哲学の存在意義は何なのか。天空の法則なら物理学か天文学の仕事だし、神の啓示なら宗教者の語りに任せればよい。「後追い知性」にすぎないかもしれない哲学は、重要視するに値するのか。

それでも、人は哲学を求める（ように見える）。世界の伝統的大学には哲学科あるいはそれに類する学科があるし、日本の諸大学には「哲学」や「倫理（実践哲学）」といった科目がしぶとく残っている。中規模以上の大学であれば哲学の教授を一人は置いておくものだ、ということになっている（最近の実学志向ではそれも危ういのだが）。医学部や看護学部あるいは看護学校では「医療倫理」「看護倫理」が、工学部では「工学倫理」「技術倫理」が、カリキュラムに組まれる。哲学・倫理学には、諸学問の基盤である（あってほしい）という一面があるらしい。

ならば、その一面とやらを明確に意識し、「哲学から現代社会の混迷に道筋を探求しよう」と語り始めたい。そして、「一応は哲学も学んでその発想に触れたから、職業生活にも考えの手がかりが得られる」と多くの人に思ってほしい。

## (2) 哲学とは何か

ところでそもそも、哲学とは何か。明治維新で西洋諸学問が入ってきたときの経緯から説明するとこうなる。哲学とは、ある面では「フィロソフィー」であり、別のある面では「メタフィジックス」である。

西洋学問が輸入され翻訳された明治時代に、西周（にし・あまね）がフィロソフィーという英単語（独語や仏語でも似た単語）を「哲学」と和訳し、これが定着した。「ソフィー＝知恵や知識」を「フィロ＝愛する、大切にする」という意味で、直訳すれば「愛知」となる。つまり、「知恵や知識を大切にして求めていこうとする学びの姿勢そのもの」がフィロソフィーなのだ。諸学問の一領域ではなく、本来は知ること、学ぶことへの希求そのものが哲学なのである。

かたやメタフィジックスである。こちらが哲学と訳されてもよかったくらいだが、こちらは形而上学（けいじじょうがく）という訳語で定着している。「形而」とはこの世の「すがたかたちあるもの」という意味で、その「上の学」だから、「この世にあるものを高みから見渡して全体を振り返る学問」が形而上学ということになる。「フィジックス（物理学に代表されるこの世を知る諸学）」の「メタ（上にある、超越的な）」なレベルの学問なのである。つまり、「地上の諸々の学問をある程度やってみたうえで反省的に振り返ると見えてくる全体像」がメタフィジックスとしての哲学なのだ。いろいろな知的営みの総括の学だと言える。

以上の二つの面をまとめるとこうなる。哲学とは、一方では知的なことに取り組む愛着、希求の精神姿勢であり、学び全ての動機づけ、スタートであり、他方ではいろいろな学びの、総括、ゴールである、と。

「何を希求するか」というときに、「真を求める」「善を求める」「美を求める」ということが、人類史で言われてきた。「総括するとどうなるか」というときに、「本質を見出す」「原理を見出す」「真理を見出す」ということが、人類史で言われてきた。「真・善・美」や「本質・原理・真理」が、哲学的な価値あるもの、目標になってきたのだ。実際、学問の専門分化がまだだった古代ギリシアでは、学問イコール哲学だったし、学者イコール哲学者だった。また近現代においても、もともと物理学者や数学者だった人が人生後半においては哲学者として功績を残した例が多くあるし、哲学的知見を深めた人が政治哲学や経営哲学を確固と持って政治や実業で名を挙げる例も多くある。

## (3) 今必要とされる哲学

変化と混迷の現代社会にこそどっしりとした哲学が必要だ、という直感めいた思いがある。誰もがそう思っているはずだ、などとは言わないが、今の政治家たちにもっと政治哲学があればなあ、企業家たちに骨太の経営哲学があればなあ、と発言したら、うなずく人は多いだろう。哲学がないから変化に適切に対応できず混迷を混迷のまま引きずるのだ、という指摘は、かなり当たっている。

そこで、現代を哲学から語る、という試みに取り組んでみよう。私の人生哲学を語って教訓を垂れようなどという、うぬぼれた話をするのではない。二〇世紀から二一世紀という現代において、この科学技術社会、情報化社会、経済格差社会、環境不調和社会（コロナ禍も自然界ウイルスと人間との不調和である）において、人間的知恵はどう語られ、どう問題提起と解決試答がなされたのかを、まずは現代史として見て取ってみよう。そこから今をめぐる指針を検討し、多少なりとも道筋を見出していこう。「ミネルヴァのふくろう」である哲学が、先回りして名解答を出せるわけではないが、先人の知恵に学びつつ考え続けることが、遅すぎはしない程度には、解決指針を仮にでも発見できるかもしれない。哲学に過大な期待はかけられないが、「哲学する」ことを放棄してしまったら、「ふくろう」は飛び立ちもせず現実の汚泥に流されるだけだ。哲学的に考えるという営みの意義を、こちらから捨ててはいけない。

## 2　現代の哲学潮流

### (1) プラグマティズムが先鞭をつけた現代

科学と情報が武器となる社会、産業と経済が価値尺度となる社会、その浮き沈みの激しい現代に、普遍的行動原理とか人間的本質思考とかを、どう筋として通すか。それが現代社会を哲学から考えるということである。復古調の学説を焼き直すわけでもなく、新しい宗教を唱えるわけでもなく、時代をとらえる考え方の糸口を、どこに探すか。そこを知識的な整理もしながら、論じてみよう。

現代史を整理する哲学的知恵として、プラグマティズム、正義論、ケア倫理を具体的な議論として検討したい。これら以外にも二〇世紀から二一世紀において論じられる哲学的主義主張はあるが、今の時代の潮流をとらえながら、流されずに筋目を立てる議論として、これらを検討すれば、その先に何を考えるかの道標を得やすくなる。世界を行き来しやすい現代に、文化多様性のグローバル社会をどう包摂するか。強者弱者という関係が生まれやすい世の中に、共生福祉といった理念を打ち立てる手段はあるか。次の哲学をつむぎ出すとしても、いま可能性をもって議論されている部分を、まずは学んでみよう。

プラグマティズムは、「実用主義」と翻訳してしまうと「すぐ役立つ」「楽をして儲かる」といったイメージになって、およそ哲学とは呼べなくなる。しかしその主旨は、天上の理想を直観しようとするのが哲学ではなく、自分で一歩ずつ思考実験を重ねて常識・良識を築き上げるのが哲学だ、という考え方である。具体的な主張として認知され始めたのは一九世紀末からだが、現代にも影響力のある哲学理論である。これを本書の第２章と第３章で詳しく見ていく。

## (2) プラグマティックに語る正義・公正

二〇世紀後半に脚光を浴びた哲学的議論として、正義論がある。プラグマティズムの隣に正義論哲学が出てきた、ということではない。現代社会の現実、特に一九七〇年ころの経済大国アメリカの格差社会や法整備や異文化共存目標の只中にあって、諸問題をどう解決するか、解決とはいかなくても問題点をどう整序して弊害を少なくするか、それらは極めて「現実的」な課題であり、「実用的」な解答が求められた課題であった。哲学思想潮流としてのプラグマティズムを引き継いでということではなくて、実際に「有用性」のある原理をどう立てるかにおいて、正義を掲げる理論、公正を論じあう議論が、真正面から取り上げられたのである。その「プラグマティック」な議論は、アメリカを越えて世界共通課題としてテーマとされ、正義論は二〇世紀後半の世界の一大哲学論争となった。

正義・公正にまつわる議論は古代ギリシアからあったが、二〇世紀後半の経済社会で貧富差などが問題となる中で、「自由と平等」の本質を問うものとして、大いに議論された。一国内の富の配分や国際的な公正を考える政治哲学、経済哲学としても注目され、今もその議論は続いている。プラグマティズムの次に、この正義論をめぐる右派左派の論争を見ていこう。

### (3) 二一世紀のケアと福祉

ケア倫理は、哲学の中でも実践的な倫理学や、福祉国家と福祉社会の新しい像を描く社会理論として、今まさに注目を浴びている。生命倫理学の新しい柱として、また二一世紀を拓く共生の哲学として、多くの哲学者・倫理学者が論じ、社会学や厚生経済学の分野でもその知見が求められている。

ケアすること、お互いに世話し世話されることを、たんなる助け合いの声だけにとどめず、批判精神を伴った正面からの哲学としてどう考えるか、という議論が、今も発展的に継続されている。高齢社会が、日本だけでなく世界の共通課題となりつつある現代において、例えば高齢者ケアを女性に押しつけてきたというジェンダー問題も含めて、ケアのあり方を哲学的倫理学的にきちんと議論することが、求められているのである。正義論に続いて、このケア倫理の現在も見ていくことにする。

これらの議論は最終的には、年齢や性別や障害・健康の個別性も含めて多様性を尊重しよう、という価値観の国際社会にあって、福祉社会や共生社会を築く未来哲学にまで、視野を届かせようとしている。本書でそこまで論を及ぼせられるか。そこは、希求して模索する、とまでしか言えないが、取り組む心構えは示していきたい。

# 第2章　パースとジェイムズのプラグマティズム

## 1　プラグマティズムとは何か

### (1) 実用主義としてのプラグマティズム

プラグマティズムは、一九世紀末から二〇世紀前半のアメリカに広がった哲学である。二〇世紀中盤にはやや影が薄くなったが、世紀終盤から勢いを盛り返し、二一世紀の今も、英語圏や日本でかなりの影響力を保っている。

「プラグマティズム」の代表的な日本語訳は「実用主義」である。「有用主義」と訳す場合もある。この日本語からイメージすると、「役立つものがよいのだ」「役立つように仕向けよう」という主義主張だとなりそうだ。そういう発想の哲学であると解釈して間違ってはいないが、実用も有用も、「直接的な成果になる」「手間をかけずに利益を得られる」さらには「楽をしてカネ儲けができる」といった意味につながりかねない。すると、「得すること＝プラグマティズム」という極端な理解になり、「そんなものは哲学の名に値しない」と言われそうだ。結局、「実用主義」「有用主義」といった訳語はプラグマティズム哲学の真意をとらえていないとして使われなくなり、カタカナの「プラグマティズム」のままで哲学用語として定着している。

さて、この語のかなめは「プラグマ」である。プラグマとは「行為」「行動」という意味で、プラグマティズムは「行為の結果で観念の成否を判断する主義」と端的には説明できる。こうかなあ、と思ったらとにかく行動に移してみて、やってみたらイメージ通りだったからあの観念（考え方）は正しかったのだ、と確信をもって判断するわけである。あるいは、やってみたら一歩ずれていたから観念の方を一歩分修正しよう、と修正判断をするわけである。つまり平たく言うと、「ある程度考えたらやってみて、やった結果がうまく行ったら確信を深め、うまく行かなかったら考えを修正してまたやってみて考えを磨く。これがプラグマティズムだ」と説明できる。

ちなみに、「プラグマ＋イズム」だから「行動主義」と訳せそうな気がするが、そういうわけにも行かない。行動主義という訳語はビヘイビアリズム behaviorism にすでにあてがわれており、「客観的に見ることのできる行動を研究対象とするという、心理学の一つの主義あるいは手法」と定義されている。

## (2) プラグマティズムの代表的な定義

さて、「考えて、やってみて、また考える」のがプラグマティズムなのだが、専門書などにある定義の説明をいくつか紹介しよう。

定義その一。概念や認識を、直観的に信じ込むのでなく、実際に経験してみた客観的な結果に照らし合わせて確認したり修正したりするという、思考と行動を連動させる方針である。

定義その二。人間の信念や観念は行動に指針を与えるものではあるが、その信念や観念は行動を通じて改造されるものでもあるから、行動を中心にして考えを進める、という主義である。

定義その三。行動の最も洗練されたものが科学であり、それを整合的に組み立てるのが論理であるから、科学的な検証と客観性のある論理によって「真なるもの」を見出す、という主義である。

定義その四。理性的で反省的な思考は大事だが、頭の中だけでは意味がなく、それが行為と結びついて思考の実用的意味が発見できてこそ本物になる、と考える主義である。

以上、その一からその四まで、やさしい説明からだんだん学術的な説明になるように並べてみた。

なる。

## (3) 哲学史からの説明

哲学史を学んできた著者徳永なりに、「なぜ今ここにプラグマティズムがあるのか」を整理して説明するとこうなる。

近代までの哲学には、二大流派があった。第一流派は、「人間には生まれつき理性が備わっているから、そこに外的経験データをはめ込むように思考・観念を整理すればよい」という考え方である。これを合理論と呼ぶ。第二流派は、「人間はいわば白紙状態で生まれてくるのであり、人間精神に経験データが積み重なるうちにだんだん傾向性・法則性の観念ができるのだ」という考え方である。これを経験論と呼ぶ。さらには、これら二流派を統合して、「理性と経験の総合による観念形成」を語る流派も、後に登場した。これを観念論と呼ぶ。

近代前半のヨーロッパでは、合理論と経験論が対立的に語られ、近代中盤以降には、その対立を調和させるような観念論が主流となっていった。最後に提示した観念論は、「頭の中の観念だけをめぐらせる想像力の理論」というイメージで見られやすいが、西洋哲学史では前述の通り、合理論哲学と経験論哲学との統合・総合地点に登場する哲学、と説明される。

プラグマティズムは、この近代哲学史を踏まえつつも、理性優先であれ経験優先であれ総合的観念であれ、「集約できてパッとまとまった真理認識ができればそれで終了」とすることには、異を唱える。そうではなくて、「その認識にのっとって行動してみて効力を確かめるところが大事だ」と語るところに、プラグマティズムの新しさがある。「行動してみて」という部分は右記の哲学史の「経験論」に近いのだが、「経験論だと経験を蓄積すれば認識は完成して終了、となりやすい」と見立てて、経験論全面肯定とは少し違うよ、と主張するのである。

そして、「その認識を行動に反映させて確信を深めたり修正したりする段階こそ重要だ」と語るのである。さらには、「行動してみてうまく行った、いっそう納得できた、と思えてこそ正しい認識なのであって、行動に反映されない机上の空論にとどまるなら、合理論はもちろん経験論も哲学としては不十分だ」と語るのである。

## 2　創始者パースのプラグマティズム

### (1) 天才だがちょっと変人？ 創始者パース

プラグマティズムの創始者は、チャールズ・サンダース・パース（一八三九―一九一四）だとされている。マサチューセッツ州のケンブリッジ（イギリスの、ではなくアメリカのケンブリッジ）に生まれ、ハーバード大学数学教授の父に教育を受けた。小さいころから化学・数学・論理学などで大学生レベルの天才ぶりを示し、ハーバード大学を優秀な成績で卒業した。ただ、気難しく尊大で社交下手だったらしく、研究者・教授の人生は歩めなかった。アメリカ沿岸測地測量局の測量技師というのが、生涯で最も長い職業であった。

学友ジェイムズ（次の節で登場する）の尽力で、ジョンズ・ホプキンス大学の非常勤講師となった時期もあるが、「頭は良いが教育者、大学組織人としては人間的にダメ」と見なされて、四年で辞めさせられた。（ちなみにジョンズ・ホプキンス大学は、二〇二〇年以降、新型コロナウイルスの諸国の感染者数・死者数を計測し発表してきたことで有名である。）パースの私生活は、結婚、不倫、離婚の六日後に再婚、とスキャンダラスで、これもいくつかの大学に就職志願しながら嫌われた理由であった。

研究活動としては、一八七〇年代にジェイムズらと六～八人で「形而上学クラブ」と称する哲学サークルを組んでおり、これがプラグマティズム運動の母体となった。「形而上学」は哲学の別名であり「超越的な高みから総括する学問」という意味であるから、「実用の学」を志すクラブには合わない。どうやら、「哲学は〝高みから見おろす〃と言うが、そんなことができるものか」とあえて皮肉を込めてこう称したらしい。ここで研究発表をしたり論文を出したり、というのが彼らのプラグマティズム活動となった。

パースはまとまった著作を残さなかったし、大学での正規の研究実績はない。よって、この活動やその後の単発的な講演や原稿が、「パース著作集」として後年にまとめられつつある。天才ゆえに難解な彼の原稿を編集するのは大変らしく、著作集は今も刊行途上にある。

## (2) パース理論の要点

パース理論の要点を象徴的なキーワードをもってして説明するなら、「批判的常識主義」がパースのプラグマティズムだ、ということになる。前述の通りプラグマティズムは、哲学史の合理論と経験論の中間というよりは経験論に近い立場なのだが、パースがまずその立場から論を立てる。

彼は、合理論の提唱者デカルト（一五九六―一六五〇）の「方法的懐疑」、すなわち「理詰めの懐疑を続けて理性的に疑いえないものにたどり着き、ここから真理を少しずつ積み上げる」というやり方を批判する。パースは、その「理性」が存在するかは疑わしいし、「真理」も本物かは疑わしいし、そもそも実際に効力を持つかわからない、と見るのである。

そこでパースは、我々の日常の行為・行動の中で一応の吟味を経ている「疑いえない常識」を「健全な習慣」だと認めよう、と言う。我々は、天空だか頭脳の奥だかにきらりと光る真理とやらに照らし合わせて日々行動しているわけではなく、日常的にそれなりに良し悪しを考えて微修正しながら生活しているのだから、そんな常識的な日常に正しさ、健全さは宿っているだろう、と考えるわけである。

そしてまとめとして彼は、疑念はときに持ちながらも「思考の努力」を経て信念を形成するという、「科学的探究方法」を提唱する。全てを疑え、ではなくて、仮にこうだと決めてやってみて修正を加え、そのうえでやはりこうだと信じられればよいではないか、ということである。彼は科学者だから、「実験的方法」を重視する。実験を重ねて推論もきちんと軌道修正すれば、実際に通用する信念・観念にたどり着く、と主張するのである。

### (3) 鍵を握るアブダクション

パースの考え方の鍵は「アブダクション」にある。パース流のプラグマティズム、「行動によって考えるという方針」を象徴する鍵概念が「アブダクション」なのだ。

演繹（ディダクション）ではない、帰納（インダクション）とも少し違う、それがパース流の仮説形成（アブダクション）である。演繹＝ディダクション、帰納＝インダクションは一般に使われる用語であるが、アブダクションという言葉を持ち出してそれに「仮説形成」という意味を込めるのはパース独特である。以下ではこの専門用語の日本語版の用例に従って、これら三つを「演繹」「帰納」「アブダクション」と表記する。

「演繹」は、公理や定理を用いて理詰めで推論することである。数学での証明問題は演繹法に基づく。理性や理屈が確固としてあるからそれを軸にして考えよう、ということである。哲学では、「合理論（＝合理主義）は演繹法を用いるものだ」とされる。

「帰納」は、事例をいくつも集積してだんだん法則性を見出すことである。「こうやったらああなった」というデータの集積から傾向性を見出し、ならばこう組み合わせるのがよいな、と考えるのが帰納法である。哲学では「経験論（＝経験主義）は帰納法を用いるものだ」とされる。

アブダクションは、最初パースは「ハイポセシス」と呼んでいた。こちらは文字通り「仮説」である。とりあえずこうだと仮に説を立てておいて、本当にそうかは実地に行動して確かめる、そしてまあうまく行ったらそのままかせいぜい微修正で押す、あるいはうまく行かなかったら説を立てなおす、ということである。

アブダクションは、合理論が使う「理屈の一本筋の演繹」とは大違いである。経験論が使う「データ集積・傾向把握の帰納」とは少し近いが、「データを全部集めてから方針が決定され、そこで終了する」のが経験論だとすると、アブダクションはそれとも少し違う。

## (4) アブダクションの解説例

わかったようでわからないアブダクションだが、ある研究者の解説を徳永なりに要約しよう。

①「演繹」の実例
(a) ある袋に白い豆ばかりが入っている。
(b) この袋からいくつか豆を取り出す。
(c) 取り出した豆は白い。

②「帰納」の実例
(b) ある袋から豆をいくつか取り出す。
(c) 取り出した豆はことごとく白い。
(a) この袋の豆は全て白いのだろう。

③「アブダクション」の実例
(c) 落ちているいくつかの白い豆を見つけた。
(a) 棚の上を見ると白い豆ばかり入った袋がある。

(b) 落ちていた豆は全てこの袋から出たのではないか。

以上の①②③を振り返ってこうまとめる（とそのある研究者は言う）。

「演繹」とは、(a)と(b)から(c)を導き出す推論のことである。

「帰納」とは、(b)と(c)から(a)を導き出す推論のことである。

「アブダクション」とは、(c)と(a)から(b)を導き出す推論のことである。

## (5) この解説例の追加説明

まだわかりにくいなあ、という印象が残りそうだ。そこでこの解説例から、プラグマティズムとは何か、プラグマティズムの意義をどう語れるか、を著者徳永なりにさらに説明しよう。私は「プラグマティズム万々歳」という立場には居ないが、一応の理解を示せば次のように言える。

「演繹」は、それが通用する場面では結論がすっきりする。ただし、「通用する場面」が我々の日常にはそんなに多くはないだろう。あっても、むしろ当たり前すぎて「だからどうした」と言いたくなりそうだ。哲学的思考の新地平が切り拓かれた、という感動は起こらない。

「帰納」は、結論が「だろう」だから一〇〇パーセント確実ではないが、何度もデータが集まれば確度はだんだん上がるであろう。ただし、全く同じ条件でデータが集まるかはわからない。確度が八〇パーセント、九〇パーセントに上がったら次は七〇パーセントに下がり、実は条件が少し変わっていた、ということもありそうだ。

「アブダクション」は、結論が「こうではないか」という仮説だからまだまだ確実ではないのだが、現実はこのような不確実な場面で推論・判断することが多いはずである。「こうではないか」と「仮説」を「形成」しただけだから、誤謬の可能性はある。その「可謬性」を覚悟しながら、行動や実験をやってみては修正してまた次の「仮説形成」に向かう、というのが我々に「役立つ常識」をもたらすのではないか。だから、アブダクションという発想を多くの人が持っておいたほうがいいのだよ、という話になるのであろう。

ここまでの叙述で、創始者パースに基づいて「プラグマティズムとはまずはどんなイメージから始まるのか」を語ってきた。パースは天才だったらしいが、天才すぎて理論が難解で、その気難しさからか、説明も不親切だった。私なりに解釈して、わかりやすく書こうとしても、ここまでである。

そこで、次の人物を通して語ろう。パースの同世代の友人として、彼を理解し支え、パース理論を紹介すると同時に、自身のプラグマティズムも語った人物が、ジェイムズである。おそらく、パース一人ではプラグマティズムは世間に理解されなかったであろう。創始者はパースでも、確立者はジェイムズである。

## 3　確立者ジェイムズのプラグマティズム

### (1) ジェイムズ一家

ウィリアム・ジェイムズ（一八四二－一九一〇）はニューヨークに、資産家で宗教思想家である父ヘンリー・ジェイムズの長男として生まれた。一歳下の弟が父と同名のヘンリー・ジェイムズ（Jr.）で、この弟が有名な小説家となる（小説家ヘンリー・ジェイムズは世界的に有名だから、一般的には彼に「ジュニア」をつけずたんにヘンリー・ジェイムズと呼び、同名の父親も文脈に登場させる場合には父親のほうをヘンリー・ジェイムズ・シニアと呼ぶ習わしがある）。ヘンリーの兄ウィリアム・ジェイムズも文才はあったようで、彼の哲学論文はパースや次世代のデューイの論文に比べて、はるかに読みやすかった。これが、ジェイムズによってこそプラグマティズムが世間に認知された理由の一つでもある。

ウィリアム・ジェイムズは、少年時代は画家志望だったが断念し、ハーバード大学で化学、生理学、医学を学んだ。ドイツに留学して心理学も学び、三〇歳代にはハーバード大学講師となって、まずは生理学、そして心理学、その後は哲学も講義し、三六歳で結婚した。四〇歳代に入ると教授となって『心理学原理』『心理学要綱』を刊行し、アメリカの心理学の開祖となった。五〇～六〇歳代にも活発に講義、講演、論文、著書を重ね、『プラグマティズム』は六五歳のときに連続講演のまとめとして刊行した。

パースより三歳下で、「形而上学クラブ」では同僚だったわけだが、プラグマティズム創始者パースの理論を上手に世に紹介したのは、ジェイムズである。とはいえ、そこにはジェイムズなりの解釈が混ざるし、ジェイムズ独自の理論発展もある。パースは、そこに不満を覚えたようで、後には「ジェイムズに書き換えられた」プラグマティズムとの違いを述べて、「私パースの理論はプラグマティシズムだ」と称するようになる。

## (2) ジェイムズ理論の要点

ウィリアム・ジェイムズのプラグマティズムの大まかな結論を、①～⑤の五点でまとめよう。

①天空にあるかのような「真理」を特別な思考で「悟る」のが哲学なのではなく、実用性・有用性のある観念をこそ真理と認めていくこと、そのために日常の生活行為を通して観念の正否を確かめていくことが哲学だ、というのがプラグマティズムの基本的主張である。

②パースの「批判的常識主義」を受け継ぎ、とりあえず持っている観念を日常生活経験に照らして、批判的検討を経ても常識だと見なせるものは「有用な観念」であると受け入れ、これを真理と認めていこう。

③はじめの観念がそのまま通用するとは限らないから、行為・行動（科学的レベルで言うなら実験）をしてみることで観念を実在に一致させていくプロセス、観念が実際に通用して意味を持つようにしていくプロセスが、重要である。

④このプロセスが「真理化」「効力化」という過程である。真理とは、天空のどこかにあって直観的につかむものではない。効力とは、唯一絶対のツボがあってそこにはまれば〇点が一〇〇点になるというものではない。行動（実験）で確かめながら、観念がだんだん真理らしく育つ、その観念の有用な効力がだんだん六〇点、八〇点と上がっていく、というのが現実的な正しさである。

⑤ある観念が真理であるというのは、神の声に合致していると感じる、といった悟りの境地のことではない。その観念が日常行動において有用であるということが、真理であるということだ。観念は有用性を持つ限りにおいて、真であり善であり実在的なのだ。

### (3) 絶対的な真理と一時的な真理

さて、以上①〜⑤のようにまとめると、ジェイムズは「絶対的な真理」などは全く認めず、相対的に「よりマシな真理」を見つけていけばよい、と言っているようにも見える。たしかにジェイムズは、創始者パースと同じ「可謬主義」すなわち「誤謬は起こりうるからそれを認めてだんだん正していけばよい」という立場に立つ。しかし、行動しながら自己修正を続けようとするから、目ざすゴールとして「絶対的真理らしきもの」を想定していないわけでもなさそうだ。

ジェイムズ自身の言葉を出そう。「絶対的に真なるものとは、将来の経験が決して変えることのないものを意味し、我々の一時的な真理がことごとくそれに向かって集中していくと想像されるような、理念的な極限である」。

今、「一時的な真理」という言葉が出てきた。別の個所では「その限りにおいて真なるもの」という言葉も出てくる。これは悪く評すれば、刹那的でご都合主義的で信用できない、とも言えるが、限定的な真理を認めてその修正・改善を行動の中で続けていくのだから、それは現実的でそれなりに誠実な日常実践である、とも言える。ただ、修正の基準となる「実際に通用すること」が、儲かるとか楽になるということではなさそうなので、どこかに理想の「絶対的真理らしきもの」を、実在しない理念的なものとしては想像している、というのがジェイムズの立ち位置なのである。

## (4) 鍵概念は「道具的真理観」

真理とは何か。パースと同様にジェイムズも、天から降ってくる神のお告げのようなものを真理だと想定してはいない。かといってジェイムズは、曲がりなりにも哲学者であるから、役に立つことを編み出して得してシメシメと思えればそれでよい、とは考えない。「一時的真理」であれ「その場限りの真理」であれ「限定的な真理」であれ、真理は真理として価値あるものなのだ。真理を求め、見極めたいのが哲学者なのである。

その場限りでも真理だ、というのは例えばこんな場面を想像すると理解できるかもしれない。神の観念を信じる者は、自分に課された責任に苦しんだときに神に救いを求めるであろう。わが身を神にゆだねて苦しみから解放されて安心できるなら、その結果として気を取り直して責任をある程度は果たせるなら、実用的効力があったということになる。後年に無神論者に転向したとしても、あのとき神を信じたことはその場では「真理」だったのである。

ジェイムズの鍵となる真理観は、「道具的真理観」と呼べる。「道具」というのは軽蔑的冷笑的にそう呼んでいるのではなく、真面目に「役立ってよかったね」という意味でそう呼んでいるのである。限定的真理は、それを信じることが有用である限りにおいて「真」なのだ。信じる人にとって有益であり満足を与える観念ならば、その限りでは「真」なのだ。

「真理だから有用だ」とも言えるし「有用だから真理だ」とも言える、とジェイムズは認めている。経験において現に役割を果たす観念、当てはめてみて検証に耐えられ、問題解決に資する観念、これに「真理」という名前を与えよう、というのがジェイムズ流プラグマティズムなのである。それは「実際に役立ち、問題解決の一助になった」という意味で「道具として通用した」真理なのだ。ジェイムズはこのような意味で、「道具的真理観」に立っているのである。

# 第3章　デューイとそれ以降のプラグマティズム

## 1　応用者デューイのプラグマティズム

### (1) 教育学への応用

プラグマティズムを教育学に応用したのが、デューイである。

ジョン・デューイ（一八五九―一九五二）は、哲学者というより教育学者として有名である。パースとジェイムズのプラグマティズムを教育論、教育哲学として応用し、プラグマティズムという考え方の応用範囲を広げたという意味で、功績がある。そして実践的には、シカゴ大学実験学校という、デューイ型教育を試みる小学校まで開校した。

デューイは一八五九年生まれだから、パース、ジェイムズより半世代年下になる。ヴァーモント州の食料品店の息子で、教養ある中流家庭に育った。地元では名門のヴァーモント大学を出て高校教師となるが、独学で哲学を学び、ジョンズ・ホプキンス大学の大学院に入り哲学を専攻した。ちょうどパースが非常勤講師で来ており、デューイはその論理学の講義に出たのだが、あまりに数学的色彩が強く自分には向かないと思い、「教え子」とまではならなかった。ちなみにジェイムズとは、直接の師弟関係となる時期はなかったが、彼の著作、特に『心理学原理』には影響を受け、後年には往復書簡を交わす間柄となる。

二五歳から大学講師としてのキャリアを始め、教え子と結婚し、三〇歳で早くも教授になった。若いころは『心理学』（二八歳）といった著作を書いていたが、そのうち『私の教育信条』（三八歳）、『学校と社会』（四〇歳）など教育学の著作が増え、人生後半には『民主主義と教育』（五七歳）、『自由主義と社会的行動』（七六歳）など民主主義論にも幅を広げた。九二歳まで長生きして、プラグマティズム的な教育論、民主社会論を世に広めた。

## (2) デューイ理論の要点

彼の考えを一言で表現するなら、「道具主義」としてのプラグマティズムがデューイの哲学である。自ら「道具主義」と称しているし、時には「実験主義」と称することもあった。以下に①〜④の四点でまとめよう。

①パースのプラグマティズムを、より多くはジェイムズのプラグマティズムを受け継ぎつつも、観念論的色彩の強い哲学史からいっそう離れようとして、「信念」「観念」「真理」といった哲学用語を多くは使わず、「知性」あるいは「思考」の問題ととらえて、実用性・有用性のあり方を考える。

②人間が生活の中で行動しながら成長するということは、「環境に適応していく」ということである。人間には知性と思考力があるが、それは環境に適応していくための「道具」であり「手段」なのである。知性を、「神に近づくための崇高なギフト」などと祭り上げずに、「生きるための道具」と言い切ってしまう。

③環境に適応して生きていくとは、実際の生活でぶつかる諸問題を解決していくことである。この生活諸問題を解決していくための能力が、「知性」である。実際の問題に立ち向かうためのプラグマティックな知性を、「創造的知性」「実験的知性」と呼び、こういう知性をこそ重視する。

④生活諸問題に向き合って創造的に行動し、実験的に試行し修正していくための知性を身につける必要がある。教育はそのためにある。たんなる知識的な教養を詰め込むのが教育ではなく、「問題解決」という行動をとれる人間に育てるのが教育である。知性は「道具」であり、教育とはこの道具を持たせる、あるいは自力で

こしらえさせるものである。

### (3) 主知主義 vs 道具主義・行動主義

以上の①〜④がデューイの「道具主義」である。そして、実用・有用の哲学を教育論に持ち込んだのがデューイである。特に最後の「行動主義的教育論」は、伝統的な「主知主義的教育論」への批判として提起されている。ラテン語教養とか芸術史とかが全く無意味だとは言わないにしても、人間が普通に小学校・中学校・高校と勉強していく過程では、頭でっかちな文芸知よりも、自分で行動して道を切り開く実践知のほうが重要ではないか、と考えるわけである。

多くの現代人が実体験も含めて知っている教育の歴史では、「まずは基礎知識をもって考えるべき」という主知主義的教育の時代があったかと思えば、「生きる力を育てるべき」という行動主義的教育の時代もあった。後者の教育思想から「問題解決型学習」という言葉が流行したのは、比較的最近のことである。その後また、「生きる力と言いすぎて常識的な学問も知らないのは考えものだ」としてまた知識レベルの立て直しが図られる時代に戻り……という風にして、教育論は主知主義と行動主義（心理学のビヘイビアリズムとは別の、一般的な行動重視の主義）を一〇年サイクルくらいで、行っては戻り、行っては戻りを繰り返しているのである。どちらか一方だけが正しいわけではもちろんないが、少なくとも主知主義以外の選択肢を提起したという点だけでも、デューイの功績は大きいと言える。

### (4)「道具主義」としてのプラグマティズム

デューイの哲学、教育理論の鍵となるのが「道具」という考え方である。

「知性を道具として磨け。行動の中で学べ」というデューイのプラグマティズム的な生活論、人生論、教育論は、アメリカのみならず現代の世界に影響を与えている。日本でもそうである。「進歩的教育論者」を名乗りたがる人に、デューイを範とする人は多い。「知性は道具に過ぎない」と表現すると否定的な意味合いに聞こえるが、「道具として活用しよう」と表現すると積極的に学ぼうという気分にさせてくれるかもしれない。知性や思考力を良い意味で「道具」と呼び、人間が育つとは頭に知識を増やすことではなく手も足も使って行動しトライ・アンド・エラーを建設的に繰り返すことだ、としたのがデューイなのだ。この「トライ・アンド・エラー」の元祖がパースの「アブダクション（仮説形成）」だ、とも言える。

デューイの「反主知主義」的発想はどこから来たのだろうか。彼は西洋哲学史を学ぶ中で、その「二元論」的傾向に疑問を持ったようだ。「理念的、理想的なもの」を一方において「実践的、現実的なもの」を他方において、両者の対立や往来を議論してきたのが哲学史だ、と見たのである。これでは机上の空論になってしまい、「生き抜くための諸問題」を解決できない、と思ったようである。そんなときにパースを知り、ジェイムズを知り、プラグマティックに考える意義を感じ、そこを発展させて「知性、思考とは、環境に適応するための、より積極的に言えば環境をコントロールするための、道具である」とまで言い切ったのである。

プラグマティズムの正統派としてのデューイは、行動とそのプロセスを重視する。正解があってそれをつかむのがゴールなのではない、と見るのだ。一例として、「健康」という価値について、彼が語っていることを要約しよう。

「静止的な成果や結果よりも、成長・改善・進歩の過程こそが重要である。動かしようのない最終目標として〝健康〟があるのではなく、必要な健康の継続的改善の過程こそが、目標であり善なのだ。そうした目標は、終着点でも極限でもなく、状況を変容させていく能動的な過程なのである。最終目標としての完全な状態ではなく、完全化・成熟・洗練の永遠に続く過程こそが、生きる中で目ざされることである」。

最後に、「デューイと民主主義論」について、付け加えて締めくくりとしよう。デューイのプラグマティックな探求と実験の方法は、民主主義というまさに実践的な問題を解決するために有効だ、と少なくとも彼は信じている。民主主義とは、知的に説得したり説得されたりして熟慮し、相談し、政策を実験するプロセスそのものである。だからこの探求においては、情報が妨げられることなく流通していて、参加者が自由に仮説を提案して、相互に建設的に批判し合えることが必要になる。この実践はプラグマティズムそのものだ、これができる探求者の共同体が民主主義社会だ、というのが晩年のデューイの主張になっていった。そうは言っても……という政治学からの批判はあるのだが、本書はそこには踏み込まず、プラグマティズムは民主主義も論じられる、というところで話を収めておこう。

## 2　二〇世紀の哲学潮流

### (1)　論理実証主義の台頭

プラグマティズムの考え方は、二〇〜二一世紀社会に大きな影響を残している。パース、ジェイムズ、デューイの学派としてのプラグマティズムは、一九五〇年ころで一応の隆盛を終える。英米哲学流派で言うなら、二〇世紀中盤からは「論理実証主義」をはじめとする分析系の哲学が主流となり、「プラグマティズムvs分析哲学」。ただし分析哲学が圧倒的に優勢」と対比的な図式が描かれたりした。その「劣勢側」のプラグマティズムは、二〇世紀後半から「ネオ・プラグマティズム」と呼ばれ、哲学界の主流とは言えないながらも、脈々と続いている。

さて、その「プラグマティズムが隆盛を終える」時期、論理実証主義が取って代わったかのように見える時代のことを、少し説明しておこう。そうは言っても、本書の目的は「プラグマティズム的な発想を手掛かりとして現代の正義のあり方、ケアのあり方を考える」ことである。プラグマティズムそのものの解説が目的ではない。プラグマティズムの基本としてのパースとジェイムズとデューイの紹介は終えたので、この先は素描にとどめる。

## (2) 論理実証主義とプラグマティズム

論理実証主義 logical positivism とは、論理経験主義 logical empiricism とも呼ばれ、二〇世紀前半に科学哲学、言語哲学において流行した思想であり、運動である。二〇世紀の初期にオーストリアの地で、ドイツ生まれのモーリック・シュリック（一八八二―一九三六）を中心とする「ウィーン学団」において提起された。「知識は、経験と実験による証拠に基づき、科学的な言語で語られるものだ」というのがその端的な主張である。

一九三〇年代には、ドイツでヒトラー率いるナチスが台頭し、オーストリアも併合される。ウィーン学団の研究者たちは自由な学問を弾圧されて散り散りとなり、イギリスに、そして多くはアメリカに移住する。そして一九五〇年代に論理実証主義は、アメリカで科学哲学の主流派の考え方となる。

「合理論か経験論か」という近代哲学論争で言えば、経験論の側に立ち、その経験論を現代の科学と科学技術社会に適合させようとするのが、論理実証主義である。そして第二次世界大戦後の英米系哲学は、この論理実証主義を切り口とする「分析哲学」が哲学の主流となる。分析哲学 analytic philosophy とは、「自然科学の方法を尊重し、実験的な成果を明晰な言語で論述すること」「超越的真理を求めず、命題の論理形式を分析すること」「形而上学的な論争に入らず、日常の言語による思考を明瞭にすること」を追求する哲学だ、と言える。この論理実証主義を含む分析哲学が、フランスやドイツの「大陸哲学」の向こうを張って、世界的な影響力を広げたのが二〇世紀中盤の哲学界だ、ということになる。

## ⑶ プラグマティズムの衰退なのか

今ここでの本書の論述は、「一九世紀末から広がったプラグマティズムが二〇世紀中盤には衰退し論理実証主義に主流派の座を奪われた」という現代哲学史の認識に基づいている。しかし、初めてこの種の論述に触れた読者の多くは、「衰退して主流派の座を奪われた」と言われてもピンとこないだろう。「プラグマティズム〜論理実証主義〜分析哲学は、同一線上の発展過程であって、主義主張が転換したわけではない」と見えるかもしれないのである。

実際のところ、この現代哲学史への評価は難しい。一般的には、「プラグマティズム時代の二〇世紀前半→論理実証主義時代の二〇世紀後半→両者が併存的に活用される二一世紀」と記述しうるのだが、その「両者」はどちらも経験論に重きを置いており、一八〇度転換したわけではない。

それでも、現代の分析哲学者の多くはこう考えている。「真理化過程」や「道具的真理」を論じるプラグマティズムは、やはり真理追求という形而上学的憧れを残している。その点で、科学的知識の追求に徹する論理実証主義は、そして命題の論理分析に徹する分析哲学は、やはり一線を画するのであって、同一線上にはない、と。

そもそも、前述のような現代哲学史の説明は視野が狭い、とも言える。二〇世紀に政治的経済的に勢いがあったイギリスそしてアメリカを注視するから、こんな哲学史理解になるのであって、フランスやドイツなどの現代哲学も見れば視野は広がる。フランスなどの実存主義哲学、ドイツなどの現象学哲学など、二〇世紀哲学は多様にある。

ただ、本書の目的として、現代の正義論やケア倫理を語ろうとするなら、やはり二〇世紀アメリカに焦点を当てる必然性はあるので、プラグマティズムの盛衰という表現があることは押さえておこう。そして、二〇世紀終盤から二一世紀初頭に活躍している「プラグマティスト」には、分析哲学主流の状況を批判してプラグマティズムの復権を唱える者もいるし、分析哲学とプラグマティズムの連続性を唱える者もいる。このことも指摘しておこう。

## 3　ネオ・プラグマティストたち

### (1) クワイン

プラグマティズムは、二〇世紀中盤から「劣勢になった」とも「分析哲学と連続的に併存した」とも言えるのだが、デューイの後を継ぐネオ・プラグマティズムの人々は確実にいる。これらネオ・プラグマティストたちの活躍によって、二〇世紀終盤には論理実証主義からネオ・プラグマティズムへの「揺れ戻しが起こった」とも言われる。本書はプラグマティズム専門書ではないので、二〇世紀中盤と終盤のネオ・プラグマティズムを詳しく追いかけるのはやめて、代表的な三人に絞って、ごく簡単に紹介しよう。

まずは、ウィラード・ヴァン・オーマン・クワイン（一九〇八—二〇〇〇）である。クワイン自身はプラグマティストを自称しなかった。むしろ、アメリカが生んだ二〇世紀分析哲学者として、最高の評価を得ている。数学で学士号を取った後、ハーバード大学哲学科大学院生としてパースやジェイムズのことを学んだが、のめり込むわけではなかった。

クワインは、科学者としてのセンスを持って、まずは論理実証主義を研究したうえで、分析的真理と総合的真理を区別できると見るのは独断であると、内在的に批判した。つまり、論理分析に徹して実証することで有意味な命題に到達すると考えても、実は、分析か総合かの区別がつかない全体的な判断・知識・信念を我々は持つのだ、ということである。そして、信念のネットワークシステムとしての有用性を部分修正しながら保持する、という方向性を立てて、柔軟にプラグマティズムを再生した。

## (2) ローティ

リチャード・ローティ（一九三一―二〇〇七）は、デューイ流プラグマティズムの学風が残るシカゴ大学とイェール大学大学院で研究し、クワインとは逆に、プラグマティストを自認していた。クワインよりもはっきりと、プラグマティズムの復権を唱えたと言える。

ローティはまず、「基礎づけ主義」に反対する。近代前半フランスの合理論者デカルトの理性による認識基礎づけも、近代前半イギリスの経験論者ロックの経験による認識基礎づけも、近代中盤ドイツの観念論者カントによる理性・経験総合の認識基礎づけも、認めない。ローティはまた、「本質主義」に反対する。歴史的文脈を超越した絶対的真理や普遍的本質は存在しないとするのである。そして彼は、「表象主義」に反対する。人間の認識は、「自然の鏡」のように真理を表象することはできず、特定の言語と歴史に依存する「物語」にすぎない、とするのである。

すると、ローティにとって認識を持つとはどういうことか。それは「対話」による「連帯」だ、と見る。彼は「客観性とは連帯の別名である」と語り、特定の歴史的文脈で特定の文化と言語を有する者たちが、対話し知的に規範を共有することがプラグマティックな哲学的営為だ、とする。それではたんなる相対主義であり自文化中心主義になるではないか、それでいいのか、という批判は出てくるのだが、その議論は本書では控えよう。

### ⑶ パトナム

ヒラリー・パトナム(一九二六―二〇一六)は、ローティより五歳年上だが、活躍した年代は、ローティの一九八〇年代より遅く、九〇年代である。ペンシルバニア大学に学んだ後、UCLA大学院に進み、論理実証主義者として出発した。その後は何度かの哲学的立場の変転を経て、パース理論を再生させるプラグマティズムを唱えるに至った。

パトナムは、ローティがジェイムズとデューイのみに依拠して相対主義、多元主義に傾きすぎることを批判し、パースの科学的探究手法にも光を当てる。デューイ流の実践的創造を認めつつも、パース流の科学的実在にも意味を見出すのである。

パトナムは、自身の哲学的立場を何度か変転させた最後には、「自然的実在論」という立場を表明するのだが、要するに、クワイン的な科学と論理を経た真理観と、ローティ的な相対主義と自文化中心主義の真理観との、中間に立ったと言える。それはつまるところ、パース、ジェイムズ、デューイによって確立された古典的プラグマティズムを、二一世紀にも「使える」実用主義として、再整理・再構築した、と言えるのではないか。

### ⑷ 今日につながるプラグマティックな思考

パース、ジェイムズ、デューイの話だけでもけっこう難しいのに、クワイン以降まで語るともっと複雑になる。さらにその後、現役の女性哲学者であるシェリル・ミサック等々にまで言及すると、解説の収拾がつかなくなるので、哲学流派としての「プラグマティズム」には深入りせず、プラグマティックな思考というものを、この章の振り返りとして柔軟に考えてみよう。

本書の目的は、パース理論やジェイムズ理論に習熟しなさい、といったものでは全くない。哲学的真理であるかもしれない（そうでないかもしれない）人間の価値や社会の存在意義を、神の啓示のようなものとはせずに、現実的な規範や原則を考えながら現代に模索していく、このことが目的である。

そうした価値や意義の模索の先に本書では、経済的不平等を考える「正義」の議論と、多様性と福祉を考える「ケア」の議論を、重要なテーマだと見立てる。そこで、二〇世紀後半から現代の哲学者たちによって提起されている「正義論」「ケア倫理」を学ぶ場を設けていく。以上のような方向性に立って、私たち自身が二一世紀社会を考え、よりマシにしていく方途を探っていこう、というのが本書の意図である。

正義論の哲学者たちがパース以降のプラグマティズムの延長線上にあるとか、ケア倫理の哲学者たちが道具主義を活用しているとか、そういう話をするのではない。ただ、正義やケアを「有用に」思考し現実的解決を求めていくとき、プラグマティズム哲学の基本理論を意識的に一度は学んでおくことが、まさに「有用である」と考えるのである。

現実は矛盾と難局に満ちている。あちらを立てればこちらが立たず、のジレンマ状況があちこちにあるし、理想の清流ばかりを求めても現実の濁流に勝てない。「清濁あわせ呑むのが境地だ」と言う人は、すでに清濁半々どころか濁流九割に身を任せている場合が多い。こんな難局と濁流の現代に、本当に賢明な「有用さ」など見つかるのだろうか。今日につながる二一世紀型の良きプラグマティズムは構築できるのだろうか。

プラグマティズム現代史を見渡す「ミネルヴァのふくろう」を、今の私たちの知見を集めれば、それなりには想定できると考えている。正義論、ケア倫理にも一定程度の議論蓄積があるので、そこは学んでいきたい。それらの見識を、現代世界を考えるための知的レヴューとして持ち合わせたうえで、現代の「生きにくさ」を多少なりとも「生きやすさ」に転換する知恵を、本書ではいくらか育んでいきたいものである。

# 第4章　プラグマティズムから正義論へ

## 1　プラグマティックな正義論

### (1) 正義という議論の「現実問題」「有用性」

考えてみればプラグマティズムは、真理を天空に発見するのではなく仮説を行動や実験で練り上げながら真理らしくしていく、という哲学的探究の方法論にすぎない。よって、内容的に左寄りか右寄りか（社会民主主義的リベラルか自由至上主義的ネオリベラルか）ということには関わりがなく、何でも実践しながら現実に照らして考えよう、という探求姿勢のみに関わっている。ならば、信仰や瞑想に近い沈思黙考型の哲学でない哲学的営為は全て、いくらかプラグマティズム的な要素を含むことになる。

この章から扱う「正義論の哲学」も、正義の基準や価値はどこにあるか、どう行動すれば正義にかなっていると言えるか、といった議論になる。それは「天空の真理」ではなく「この世での生き方」の話なので、必然的に「現実問題」に関わり、どうやって状況を良く（よりマシに）するかという「有用性」を視野に収めることになる。政策方針などにも影響するから、まさに「プラグマティック」に考えていくことになるわけである。

正義論に限らず、二〇世紀後半から二一世紀の哲学の多くが、「プラグマティズムを方法的基盤にしていますよ」といちいちは言わないが、現実をどう動かせるか（そもそもの理想を考えながらではあるが）を問うので、プラグマティックな発想、やり方が含まれるのは暗黙の了解となる。

## (2) 現代にこそ問われる正義

「正義」は、紀元前四世紀ころのプラトン、アリストテレスにも議論されてきた古典的哲学テーマではある。それでも、二〇世紀中盤からは、正義があらためて大きなテーマとなっている。現代は、資本主義経済の繁栄とその反面の経済格差、民主主義政治の進展とその反面の形骸化、といった現実が、我々に光を与える反面として、大きな影を落としている。そこで、「さて、この現状は正義か。やり直すとしたら、哲学的理念から再検討したうえで、実践的に生かせる提言を立てていこう」という、現実的・有用的な議論が必要となってくる。正義論に取り組むことが、必然的にプラグマティックな挑戦となるのである。

第二次世界大戦以降の世界は、植民地支配ではない経済発展を求めるとか、民族の自決権や個人の人権も尊重して政治世界を築くとか、障害者や病者も受け入れる福祉国家・福祉社会を目ざすとか、を思考し、また志向もしてきた。その思考的追究と志向的実践に、時代を乗り越える人類普遍の価値を探し出せるのではないか、との理想を描いてもきた。それなのに、貧富差は国内的にも国際的にも開いているし、民族紛争はテロリズムまで引き起こすし、福祉政策は予算緊縮となれば真っ先に削られるし、といった現実がある。理想と現実の乖離は目立っている。

これは、世の中に「正義」が実現されていない証拠ではないか。形式だけ整えた正当性だとか、建前は民主的であっても本音は強者が弱者を収奪する構造だとかを、現代人は許してしまっているのではないか。こうなると、小手先の政策変更で済ますのでなく、根本的な哲学として考え直そうではないか。「正義とは何か」を今こそ時代のテーマとして、政治学や経済学より前に、哲学がそこを原理的かつ実践的に考察しようではないか。……このような考え方で、正義論は二〇世紀後半から二一世紀の今のテーマの代表的な一つとなっているのである。

## (3) 正義とその周辺の概念の整理

「現実」「有用」を考えるとはいえ、小手先でなく根本から考えようとするなら、キーワードと概念整理は重要だ、というのが哲学的思考である。そこで、「正義」とその周辺にある語句、概念を挙げながら考えてみよう。哲学は「言葉と概念整理」にこだわる。そこから最初の、そして実は根本の、問題が浮き彫りになるからである。

思いつく言葉を列挙してみよう。

正義＝justice、just であること（反対は不正＝injustice、unjust であること）

正、正当＝right（反対は邪、不当＝wrong）

公平、公正＝fairness、fair であること（反対は不公平＝unfairness）

善、goodness、good であること（反対は悪＝bad、evil）

徳、美徳＝virtue（反対は悪徳＝vice）

以上のように類義語と並べてみると、「正義」には次のような語感があることがわかる。

日本語の「正義」を他の類義語と区別すると、義理や義務の「義」が目につく。つまり、「義にかなうこと」「よしとすること」を正義は求めている、ということになる。「よし」と多くの人が言える納得度が鍵になりそうだ。

英語の just「ジャスト」を、「ライト」や「フェア」や「グッド」と区別すると、「ぴったり当てはまる」当然性や相当性というニュアンスが、just には強いと見える。つまり、「しかるべくあること」「ふさわしくあること」を justice は求めている、ということになる。

これらの概念整理を正義のイメージづくりのきっかけとしながら、現実問題に哲学的思考から何を語れるか、議論を進めていこう。

## 2　正義をめぐる現代状況

### (1) 二〇世紀終盤以降の世界

なぜ「正義」を現代社会の焦点とするのか。

世界では二〇世紀終盤に、東西冷戦が終結した。しかし平和になったとはあまり言えず、民族や宗教の対立はかえって際立っている。東西対立という、核弾頭ミサイルを突き付け合うような大いなる危機が一応は去った後、実は東も西も「第三世界」も、ふたをしてきたナイーブな課題が根っこにあるのだと気づき、そこが現実問題として顕在化してきたのである。

また、共産主義陣営が実質的に瓦解したことにより、資本主義陣営が一応は「勝利」したことになっている。しかし、経済的には露骨な資本主義でも政治的には共産党あるいはそれに類する政党の独裁となっている国がいくつかあり、その支配・抑圧とそれゆえの苦悩・混乱は、世界に様々な不安を呼び起こしている。

そして、世界の資本主義化に伴う地球環境悪化は、資本主義的な「発展」と「豊かな生活」に疑問を抱かせている。「環境的正義」も、今日を語るうえでの議題となっているのである。

今日際立つ対立を解決するためには、敵対構造を根本から解消する和平・共存への共通理解が必要だ。資本主義進展に伴う貧富差と環境的限界に対処するためには、「足るを知る」境地と分配方法の再考が必要となるだろう。つまり、多様な価値観を認め合いながら、人類的な「納得」や「合意」をかなりのレベルで獲得する必要があるのだ。環境を維持改善しながら、全地球に財を有効に行き渡らせるには、どうすればよいのだろうか。

そこで重要になってくるのは、手続き的な「正当性」や制度的な「公平性」ではなくて、そこを超えた「義」としての納得度であろう。また、偶然的で人間個人レベルにとどまりやすい「善」や「美徳」ではなくて、もっと普遍的な「当然性」「相応性」であろう。

このように推論して、二〇世紀にそれなりに蓄積された「正義論」を学びながら、二一世紀世界への展望に役立てたいと考えている。

## (2) 問題状況への哲学的整理

とりあえずここまでの議論を踏まえて、問題状況への「正義」からの哲学的思考の方針を、次のように整理しよう。１の(3)（本書三五頁）で「正義」に並べた、「正当」「公平」「善」「美徳」といった言葉も振り返りながら、正義を考える問題意識をいったんメモしておく。

①「正当」ではあっても「正義」に該当しないのはどんな状況か。

②「公平性」「公正性」はイコール「正義」か。そこで言う「公」の意味は何か。

③「善」を人類共通化すれば、その「共通善」が「正義」になるのか。

④「美徳」は「正義」の基準になるのか。「美徳」の一種に「正義」があるという関係か、それとも「正義」の下に「美徳」も付き従うという包摂関係か。

⑤「正義」という言葉で本当に全てが総括できるのか。

## 3　哲学としての正義論と現実政治の正義

### (1) 正義の議論と現実

一九四五年の第二次世界大戦終了の後、日本の軍部解体やアフリカ諸国の独立など、世界各地で「民主化」が図られた。これによってある程度は、「人権」「平等」「公正」といった認識が共有化された。その意味では「正義」が一定程度は実現されたと言える。

一九六〇年代、当時の「最先進国」アメリカで、黒人解放運動やベトナム反戦運動が盛んになった。「アメリカ的正義」が前面に押し出される時代にあっても、その内実に反省を迫る意識があったわけで、それは思想史から現代を考察する文脈では、正義概念そのものを問い直すことを意味した。

一九八〇年代、共産主義諸国の崩壊あるいは資本主義への転向が起こった。いわば世界が資本主義に一元化されていったのである。「勝ち組」となった経済的な資本主義は、政治的な自由主義と合体して強大化した。その強大化のエスカレートが新自由主義（ネオリベラリズム）とか自由至上主義（リバタリアニズム）と呼ばれる強烈なイデオロギーをも生み出した。このイデオロギーを警戒する立場から、あるいは擁護する立場から、正義論をめぐる論争が起こった。

一九九〇年代からは、環境危機が地域限定で済まない世界共通のグローバル問題として顕在化した。これは、今日的な資本主義的開発の行き詰まりの現れでもある。ここに「正義」はどのような形で取り戻せるのだろうか。

二〇〇〇年を超えて、世界は経済のみならず交通でも情報でも、緊密につながるようになった。二〇二〇年の新型コロナウイルスの蔓延規模・スピードは、一九一八年のスペイン風邪の蔓延規模・スピードと比べても桁違いであった。今や、何か大問題が発生した場合の対処は、世界同時的に考えざるを得ない。そしてそこに、「平等」とか「公正」とかをきちんと反映させる必要も出てくる。

## (2) 国際社会の新しい難題

世界の富の偏在（「遍在」なら「遍（あまね）く」なのでいいのだが、残念ながら「偏（かたよ）り」の「偏在」）は、ますます極端になっている。二〇世紀終わりころ、「世界の最富裕層二〇パーセントの人々は世界の総所得の八二パーセントを独占しているのに、最貧困層二〇パーセントの人々は一・四パーセントしか得ていない」と問題視された。今はもっと差がついて、世界の大富豪ほんの一〇人程度の資産だけで世界の富の八割がたを占めると言われる。日本でも世界でも、貿易は自由化、規制緩和でいっそう弱肉強食、グローバルスタンダードの名の下に地域伝統破壊、となっているから、この富の偏在は放っておくとますます進みそうだ。

しかし、「成長の限界」も数十年前からささやかれてきた。一九八〇年代までの拡大再生産と膨張経済が幅を利かせていた時代にあっては、「富者も貧者も少しずつ豊かになれる」という希望がまだあった。貧者側も「格差をつけられているが俺たちも少しずつ豊かになっているからまあいいか」と引き下がれる余地があったのである。それが、地球環境の有限性を認識し、経済の停滞期が時々訪れることを覚悟すると、富者が利益を囲い込むような形での、利害対立が鮮明になりつつある。日本でも、非正規雇用の身にある人は、便利にこき使われては真っ先に切り捨てられるわけである。

また、グローバル社会、新たな国際化の時代だから、経済活動や労働・雇用のあり方は、そしてそれらを理屈づける「正義」の考え方も、一国内では完結しない状況がある。各国・各民族の文化や、開発の仕方には多様性があり、それなりの価値観もあるのだが、他方で普遍的な価値観が、良くも悪くも迫ってくる。地域独自性と世界共通性との折り合いは、それなりに難題となる。

## (3) 新しい難題と正義の思考力

こうなってくると、競争にも協力にも、新時代の国際的ルールが必要となってくる。特に経済面では、開発と取引においてルール整備が求められる。本書の後の章で提示する用語を先取りすれば、「交換的正義」の確立がここに求められるのである。

そして、仮に交換的正義が実現されてそれなりの経済的共存がなされたとしても、それでも残る貧富差、放っておけば拡大する貧富差に対処するルールも作られる必要がある。ここでも用語を先取りすれば、「分配的正義」の確立が求められるのである。

こうした「正義」を、理念として鍛え上げ、わかりやすい形で共有し、行動に反映させながらプラグマティックに修正していくこと、それを一国内のみならず国際社会で実現していくことが、求められる。グローバルな世の中だから、国際機関の役割は、実践においては重要である。人権擁護は、異文化理解を伴いながら世界レベルで推進されねばならない。世界と地域とを上手に交流させて融和を図る場面が提供されるようにしていきたいのだが、そううまく行くだろうか。紛争が起こりそうなら、あるいは起こってしまったら、理解・融和をもって歩み寄れる実効性のあるシステムを作れればよいのだが、作れるだろうか。

特定の誰かの正義を振りかざしても、問題は解決しない。特に国際社会においては、試行錯誤をプラグマティックに重ねながら、国際正義とは何かを模索していくことが求められる。世界の現実を見据えながら、二一世紀に通用する正義論を、まずは哲学的な思考力をもって、考えていこう。

# 第5章　正義と平等の議論

## 1　平等を求める正義

### ⑴ 平等は正義の前提

「正義」を哲学的議論に乗せる人は、ほぼ必ず「平等」にも言及する。

この章で述べることを先取りすると、最終的な果実、食べられるものだとか住環境だとかに可能な限り平等が図られていることが正義だ、という正義論もある。他方、人によって趣向や能力に差はあるのだからその差は受け入れてそれぞれに相応する果実を得られるのが正義だ、という正義論もある。平等は正義の前提であるという命題は、平等の中身の方向性はともかく、有力な命題となっている。

人間たちには、肉体的な力の差がある。身分の差は民主主義国家では廃絶されたことになっているが、隠然と残っている部分はある。生育環境の差は、今もかなりある。

そこで、それらを是正して不利な人には補償をしたほうが、多くの人が幸福になり、世の中は正義に近づくのではないか、との考えが出てくる。よって、「正義にはまずまずの平等が必要だ」というのが現代的常識となりそうだ。これは、近現代の歴史的検証を経ての、プラグマティズムが言う批判的常識主義にもかなう命題であろう。

すると問題となるのは、今「まずまずの平等」とあいまいに表現しておいた「まずまず」の姿だ、ということになる。

ある。

## ⑵ 形式的平等と実質的平等

いかなる平等が正義に近づくか。その一つの有力なテーマ設定が、「形式的平等か実質的平等か」というものである。

議論を進める場合、「対概念」(真逆の反対語とは限らないが対比的に特徴を捉えられる概念)を検討すると、理解が深まることが多い。そこで、「形式と実質」という対概念を、まずは考えてみよう。

形式的平等にこだわるとどうか。それでよい場面とそれではまずい場面があるか。

一例として、国会議員選挙などの投票を挙げよう。一人一票はイエスというのが民主主義の原則である。一八歳はまだ半人前だから二分の一票、二五歳から一票、六五歳を超えたら社会参加が薄れるから三分の二票、とはしていない。ひょっとしたら、安易に投票する人と熟慮して投票する人がいるのかもしれないが、そこに軽重をつけずに一人一票という形式にこだわったほうが問題は少ない、というのが政治史の今日的結論なのである。

別の例を挙げよう。あらゆる富はメンバー全員で均等に分配する、という原則はどうか。おそらく場合によってはノーと言われるだろう。食べ物で考えると、全員同一カロリー分を分配するより体の大きい人と小さい人では違ってよい、と言われそうだ。豚肉二〇〇グラムを一人ずつ平等に分配されても、イスラム教徒やベジタリアンは困ってしまうだろう。量の面でも内容の面でも、「あらゆる均等平等」は、形式にこだわりすぎて正義を反映していない場合が多そうだ。

次に、実質的平等として考え直すとどうか。

先ほどの投票の例を使うと、知的判断力と政治意識の高い人には二票以上持たせる、という案は、良い議員を選べて政治の実質を高めるように一瞬は思える。しかし、それについて回る奇妙な駆け引きや利益誘導工作を想像すると、かえって悪いことが起こると予想される。これはノーを突き付けられる案だろう。ちなみに、投票制度用語の「普通選挙」と「平等選挙」を混同する人がいるが、ある基本資格（例えば一八歳以上）を満たせば身分差なく選挙権を持つのが普通選挙、二票以上持てる人はいなくて全員一人一票とするのが平等選挙である。

富の平等分配の例を使ってみよう。Ａさんは体格も体力も大で働き者だから、他の人より二倍多く食べてもらってその代わり平均的労働者より四倍の富を世にもたらして貢献してもらおう、と差をつけるのは、実質的平等としてイエスと言われそうな気がする。たくさん仕事をする人にノルマも見返りも多めに分配することが、適度になされるなら実質的平等にかなう、というわけだ。

以上の例からわかることは、どこでは形式的平等にこだわり、どううまく実質的平等を取り入れるか、そこが課題だ、ということである。

### (3) 機会の平等と結果の平等

もう一つの有力なテーマ設定が、「機会の平等か結果の平等か」というものである。対概念として、「機会」いわばスタートと「結果」いわばゴールを考えてみる。

機会の平等は重要だ、保障されるべきだ、と言われる。しかしその保障とは、ときには結果にまで介入して不平等を緩和すべきだ、となるのだろうか。

例えば日本の今の大学進学を考えてみる。高卒資格があればどの大学も受けるチャンスはある。受験機会は平等に保障されていると言える。医学部進学は私立だとお金がかかるが、国立なら他学部とあまり変わらない安価な学費で済む。医師になるのが夢の一つだとして、その夢へ進む機会の平等はある、と一応は言える。

しかし、この大学進学などの機会の平等は、実質的な保障もある程度は必要だ、という話がついてくる。中学までの義務教育、高校の無償化など義務教育に準ずる措置、これらさえあれば十分だとは言い切れず、家庭ごとの貧富差をいくらかは補ってもらえて、心おきなく医学部を目ざす受験勉強ができる環境が整えられるべきだ、という議論は出てくる。

ある程度は環境の不平等が改善されたとして、それでも「結果の不平等」は出てくる。大学進学では、受験での合格不合格は分かれるし、国立は無理だけど私立なら行ける、でもやはりお金が足りない、だとか、浪人しても安心して勉強に専念できるか、だとかの、本人のやる気だけではいかんともしがたい問題は、少々の環境改善では足りないだろう。

かといって、「結果の不平等」を「結果の平等」に徹底して変えろ、というのも考えものである。高卒生が希望した大学・学部に全員入学できるようにするとなれば、人数的にも大学の教育環境が保てなくなるだろう。医学部希望者は全員医学部に安い学費で入学させてやれ、となれば、教育予算も教育の質も、壁にぶち当たる。それに国民の大半はおそらく、知力も技術も人間的精神力も高い人にだけ医師になってもらって我が命を預けたい、と思うものだろう。

以上の議論からこう言える。機会の平等にとどまるのが正義か、結果の不平等に大いに介入するのが正義か、ここが考えどころである。機会の平等も、さっきの例で言うと、中卒・高卒まで保障すればよいというレベルのことなのか、もっと深い平等の保障があるのか、が問われる。また、結果の不平等も、一切介入しないことが正義なのだ、という論もありえるし、相当程度に深く介入してこそ正義に近づく、という論もありえる。先の大学進学の平等不平等という話で言えば、学力差や適性差で進学先が分かれることは認めつつも大学のブランド的格差を社会的に薄めることで不平等の弊害を小さくする、といった間接的手段は取りうるのかな、とは考えられる。

## 2　何における平等か

### (1) 理性における平等という考え

人間には分け隔てない尊厳がある、先の一人一票制はその表現でもある、という有力な人間論がある。その一つの根拠として、人間には理性における平等がある、という考え方がある。これをまず検討しよう。

理性や判断力は人間全てに等しく備わっているのだ、人間的価値は平等なのだ、という平等主義的人間観が、近代初期からある。そして、現実には能力差などの優劣が生じているように見えるが、それはそもそもの素質というより環境や経験の差が大きいのだ、だからこそ教育が重要なのだ、という論が平等主義的人間観を支えている。よって、潜在能力において人間は平等だと考えて、誰にでも人間的権利を保障すべきだという権利平等論が浮上する。もちろん、各人の個性はいろいろであるし、各民族・各文化の多様性はあってよいものだ、むしろ尊重されるべきものだ、という論は追記される。

以上のように論を積み上げると、平等のポイントは、理性的人間としてそれぞれが「自尊心」を抱き、お互いを尊重に値する人間だとして「相互承認」することにある、と結論づけることができる。

### (2) 政治的平等を考える

さてそのうえで、政治的平等を考えよう。

今述べた「自尊心」と「相互承認」は重要になってくる。そして政治的平等は、経済的平等不平等問題より先に、重要と考えられる。誰でも、考えたうえで根拠をもってする政治的発言は、その人の自尊心にふさわしく尊重され、発言への賛否は別として承認されるべきである。歌手や俳優が政治的発言をすると「政治に首を突っ込むなんて生意気だ。歌だけ歌っていろ。ドラマにだけ出ていろ」と匿名ネットでやりこめる事例がある。本来なら、誰もが一人一票の権利者として自尊心を持ち、相互に尊重して承認しあうのが政治的平等なのだが。「女性が会議に加わると時間がかかる。わきまえろ」と吐き捨てる男性政治家もいる。女性政治家ですら「女はいくらでも嘘がつける」と（おそらく自分以外の女性を）侮辱する者もいる。これらは一応、批判されて当然だということになっているが。

ただ、政治的平等の世に生きていると言っても、全員の政治参加が実体を持っているかは疑問である。投票率は放っておくと低下しがちだし、代議制民主主義は国民の意向を反映しきれないという限界がある。職場でも、皆が主体的に運営しているわけではなく、歯車の一つだという扱いを受けがちだ。また一方では、国家や職場の管理運営への一般民参加が難しいことも事実である。各人が自分の周辺のことだけで忙しく、国家や職場を効率化するためには一部の管理者へ権限を任せたほうが楽だ、となりやすい。

つまるところ、政治的平等は存在しており認められつつあるはずなのだが、その実質化はどうかと問うと、まだ課題が残っているのである。代議制が不十分なら国民投票・住民投票も取り入れられるべきだし、職場でもそれぞれが意見表明して自主運営できる部門も作っていくほうがよいだろう。ただし、それには手間はかかるので、効率化とのバランスは考えながら、ということにはなりそうだ。

## (3) 経済社会での法的平等を考える

次に、そして政治的平等と同時に、経済社会での法的平等を考えよう。

いきなり「経済的平等」とは言わずに「経済社会での法的平等」という表現にとどめた。日本中、世界中の人が同一賃金であるべきだ、と言っているのではないのだ。商品交換に基づく市場経済が一般化しており、それを所与のものとして受け止めるところから始めよう。ここでは、「平等」を論じるとすれば、背景には常に「等価交換」

があってしかるべきだ、という話をしようとしている。

さらにその背景には、「通約可能な人間労働」があるべきだということになる。マルクス主義用語だとここで「抽象的人間労働」という言葉が出てくる。簡単に言うと、頭脳労働者を「質の高い」労働をしていると見なし肉体労働者を「質の低い」労働をしていると見なして差別的な扱いをするのでなく、人間労働としての共通尺度を見出し、そこで認められる共通の価値が商品交換においても根拠となるべきだ、ということである。今日の日本で言うと「同一労働・同一賃金」というスローガンがそれに該当する。

ここでのポイントは、労働主体である人間の関係が合理的で平等的であるかである。もし賃金に差がつくなら、労働者の職位に差がつくなら、そこには理にかなった説明ができねばならない。そう説明されればこの差は不平等ではない、という納得が得られねばならない。

この正義にかなう経済関係を成り立たせるのが、「法の下の平等」である。労働者とその使用者は立場が違い、労使関係の差がある。それでも法的には、労働者も平等に守られねばならない。売買関係においても、時流によっては売り手市場、買い手市場となって有利不利が出るだろうが、売り手も買い手も、不利なご時世でも法的には守られねばならない。

## (4) 機会の平等の内実

「法の下の平等」の実質目標として、幸福追求の機会は平等に保障されるべきだ、と言える。ただし、自由主義社会では、スタートラインの平等は保障するが結果の平等までは保障しない、という自由競争の原則が前面に出やすい。不満足な結果であっても本人の能力不足、努力不足だったとして受け入れるべきだ、となるわけである。

しかし、スタートラインは本当に平等にあったたか。競争は本当に公正に行われたか。それらが検証され認められなければ、正義とは言えない。また、結果の不平等を全て競争原理だ、能力主義でよい、と認めてしまってよいかも、検討の余地はある。

不平等が残っているのなら、是正の目安は何だろうか。

まず、スタートラインの平等は追求すべきである。いわれなき差別、無関係な基準によるハンディは排除しよう。例えば、受験資格に国籍があるとか、就職に男女差がまだあるというのは、今日ではもう排除されるべきだ。そしてまた、歴史的に差のついたスタートになりそうな部分には、積極的是正措置を取ろう。アメリカで黒人の大学進学率がなかなか上がらなかった時代に、黒人学生はある水準を超えれば合格させようという、アファーマティブアクション/ポジティブアクションがとられたことがある。日本では今でも女性の国会議員が少ないから、クォータ制(人数割当制)を取って男性と女性の議員候補が交互に半々に当選するように仕向けるのが、得策かもしれない。スタートラインの次に、競争過程の公正さもチェックされるべきである。勝敗がつくにしても、事柄の本性に関わる部分でこそ評価されるようにしよう。同じ職種で誰が昇進しどう給与差がつくかは、あくまでその仕事の成果によって判断されるべきだ。

競争の過程や評価を公明正大にして、外部からの審査や是正も認めるべきだろう。内部の上司のウケが良いかという恣意的な評価でなく、客観性のある評価基準を公開して、そこでこう評価したという目に見える形にすると、不透明さは払拭できる。職場のことなら、労働組合連合や厚労省や裁判所が「客観的外部」としての役割を果たせるかもしれない。

スタートと競争過程の話をした最後に、「結果の不平等」の許容範囲を慎重に検討すべきだ、と言っておこう。人間の尊厳を損なうまでの不平等は、やはり許されない。最低賃金は保障されるべきだし、「敗者」には別の道や新たなスタートラインが提示されるようにしたほうがよいだろう。

また、結果の不平等が次世代にまたがること、それによって格差が固定されることは避けるべきである。次世代のスタートラインが不平等になることのないように、社会階層の差が拡大していかないように、取りうる策は取るべきだ。具体的に取りうるのは、高率の相続税であり、社会的弱者への生活保護などである。

## (5) 平等の形式と実質

形式的平等のあり方を、次のように確認しよう。

人間の尊厳を守るために必要な形式的平等は、貫き通そう。選挙における一人一票制は、その例となる。他方で、現実の弱者をより苦しめる「悪平等」は避けよう。例えば、誰もが公共政策のお世話になるのだからと言って、原資となる税金は収入差があっても全員が同じ定額を課される、というのは酷な話だろう。定率課税でもまだ低所得者には酷で、やはり累進課税とするのがよいだろう。

実質的平等の取り入れ方を、次のように確認しよう。

「形式」が弱者を追い詰める場合は、実態に即して「実質」を考えよう。たった今指摘した、定額課税よりは定率課税、さらには累進課税というのが、実質を考える実例である。とはいえ、実質的平等が過度になると弊害も起こりうるので、その「さじ加減」は慎重にしたほうがよいだろう。累進課税の話で言えば、その累進率が極端になると、つまり高額所得者に課される税があまりにも大きくなると、「よく働いてたくさん稼いで世に富を産み出してくれる人」の意欲をそいでしまい、世の中の富が減ってしまうかもしれない。そもそも、「実質」の評価は、結果の平等不平等の話とも絡んで、難しい問題である。今の税率の話がまさにそうだ。

教育の話で言うと、日本国憲法にも教育基本法にも「能力に応じて等しく教育を受ける権利」と書かれている。この権利論は、「能力に応じて」選別教育をすることを是とする権利論なのだろうか。「等しく」統合教育をすることを是とする権利論なのだろうか。どう使い分けるかは難しい。教育論における永遠の課題だと言える。

## 3　現代の正義の議論

### (1)「現実批判」としての正義

今述べた「平等」と絡める形で、正義をめぐる議論が現代社会にはかなりある。そこでいきなり「社会の不平等を正すために正義の革命を起こそう」などと声高に叫ぶのでなく、冷静な哲学の議論として、正義をテーマとすることの意義と、その課題・限界と言える面も見ておこう。

第一に、「法の執行手続きの正当性を確保するのが正義である」という命題が成り立つ。現秩序がそれなりに維持され多数者の満足に寄与している段階ならば、実定法（自然法への対概念で、実際に制定される民法などを指す）をイコール正義だと認定する考えがあるのだ。ここに「正義」が認定されるならば、法の制定から執行までが、正義の共通認識に従って国民的理解が得られている、ということになる。この文脈では、既存秩序を安定化することが「正義」だ、ということになる。

第二に、「法律自体の正当性を問い直すのが正義である」という命題が成り立つ。右記の「第一」で皆が納得しているならよいのだが、事件が起こったり政策が機能不全に陥ったりしたとき、それが小手先の法の執行レベルの問題ではなくもっと深い問題だ、と認識され、根本から批判的に変えていこう、となる場合がある。目の前の実定法にそもそも修正すべき点があるのではないか、それを「何が正義か」から考え直そう、となるわけだ。近現代史を通じて蓄積してきた「自然法（人間が生まれつき持っている自然権を、実現するための法秩序）」という概念、

「人権」という概念をもう一度振り返ることによって、実定法そのものを検証し、必要ならば修正しよう、そこで照らす基準が「正義」だ、ということになるのである。

第三に、「社会変革の原理を構成するのが正義である」という命題が成り立つ。右記の「第二」でも国家や政体が修正されない場合、むしろ修正を求める人々を国家が権力的に抑圧してくるとなった場合、「正義」は現秩序維持でなく変革の理由となる。今の支配体制が正義に反しているのだ、こう変革するのが人々のためになる「社会的正義」なのだ、と訴えるわけである。既存体制を打破して抜本的に違う政治秩序を作ることを目ざし、「本物の正義」はこちらだ、と語るのである。

以上において、第一より第二、第二より第三がいっそうラディカル（根本的であり革命的）となるのだが、それが正当な場合もあり、危険を増幅する場合もあり、最初はよかったが途中からゆがんだ場合もあり、ということを歴史は物語っている。

## (2) 正義の「相対性」と「普遍性」

何が正義かを論じる際に、相対性と普遍性という議論も確認しておく必要がある。

第一に、「正義は相対的なものにすぎない」という主張がある。たった今述べた秩序安定も修正も大変革も、正義を旗頭として掲げる。担い手が初めから邪悪な欲望にとりつかれていることは少なく、とりあえず担い手にとっては「正義」なのだ。しかし、成功も失敗も歴史にはある。どれが正しかったかはわからないし、これからやることも正しいかは場面とタイミングによって変わるから、正義は相対的に「よりマシ」「むしろウラ目」と暫定的に想定するしかない、という論法が相対的正義の論だ。「勝てば官軍」という言葉があるように、正義だから勝つのではなく、勝ったから正義だとなるのかもしれない。理性的推論で正義が浮上するのではなく、力が正義だと言われるのかもしれない。「価値相対主義」（民族や文化によって価値の高いものは違ってよいとする主義）という言葉も「歴史相対主義」（真も善も美も時代とともに揺れ動くものだとする主義）という言葉もある。正義の基準も絶対的に決まることはなく、相対比較で上だったり下だったりするものだ、という主張は、一定の説得力を持つ。

第二に、「普遍的正義はある」という主張がある。「人間の尊厳」とか「人権」については、思想が歴史的に練り上げられてきた経緯、ときに曇ったりよじれたりする時代はあっても大きな潮流としては積み上げられてきた経緯がある。するとそこには「原理的一貫性」が見いだされ、正義とは何かについても普遍的な答えはある、という主張になるわけだ。「正義」は歴史上の社会改良・社会変革のテーマとしてしばしば掲げられ、その内容には「共通性」があるし、現実にその変革が成功したか否かは時の勢いの中でいろいろだが、人類史全体としても「少なくともここだけはいつもブレない」と言える不変・普遍の答えが「普遍的正義」として認定できる、というのである。

第三に、「普遍性の内実を常に反省しつつ実現を志す」という主張がある。人間は社会的動物（アリストテレスの言葉）だから、歴史上ずっと人間的結合が相互関係・互恵関係を築いてきた。ときにいさかいもあるが、そのせめぎあいも相互関係の影の部分としてなのだ。この変わらぬ結合の性質に、人間の「類的本質」を見いだすことは可能だろう。そして、それなりに良かれと思って試みられた社会変革の成功と失敗に、その成否の積み重ねに、見えてくる真っ当な方向性はありうる。人は失敗も時にはするものだ。それなら、大いなる目標である普遍性の内実がうまくできていなかったなら反省し、より普遍に近いものを実現しようと常に心ざすことが、現実的な前進方向だ、と主張できる。「心ざし＝志」としての普遍への志向性は、常に自らに言い聞かせておきたいものだ。

以上、「第一」に「第二」を対置し、「第三」へと進む弁証法的思考力を、我々は先哲から受け継いできたのだ、そのことを確認するのが哲学史を研究する意義だ、と私自身は思っている。

## (3) 正義の「限界」

「正義とは何か」への答えが普遍的に出せるか相対的にとどまるかという議論がある、という話をしたのだが、こう話すと「正義」それ自体は、概念内容の適不適の論争はあるとしても、常に前面に立てられるべきだということになりそうだ。しかし本当にそうか。正義が後ろに引っ込む場面、正義と信じる路線はこうなのだけど今はあえてそれを前面に出さない方が状況はマシだという場面はないのか。これを「正義の限界」とここでは呼んで、ときにありうる「正義のみを語るには限界がある場面」を想像してみよう。

一つに考えられるのは、「正義の戦争」よりは「不正義の平和」の方がマシかもしれない、という場面である。単純に言って、死んでは元も子もない。「正義の人々」がかなり生き残って「不正義の人々」がほぼ根絶やしにされたとしても、多数者の死はやはり悲しいし、次の社会を再建する人が少なくなる。正義だと信じて立ち上がる者たちが旧体制においては少数派であるとき、軍事力で劣るからといって新々型ウイルスを地上にばらまいたら、目的はよくても方法が間違っていると非難されるだろう。そもそも、「正義は相対的でしかないかもしれない」という議論も思い起こせば、多数の死者より生存への配慮を優先すべきだろう。つまり、性急な「正義の実現」がダメージのほうが大きくて失敗に終わるのならば、正義を言いすぎない（不正義の下で当面は待って忍ぶ）ことが、より良い選択へのチャンスをつなぐことになるかもしれない。

もう一つ考えられるのは、「全体主義的正義」には「個人主義的リベラリズム」から反省を迫った方がよい、と言えそうだ。歴史相対主義の話もそうだが、正義の名の下に国民全体が立ち上がったらとんでもない方向に走っていた、という歴史が世界には数々ある。もっとも想起しやすいのはナチスドイツである。ワイマール憲法という、当時の世界で一番民主的な憲法を持った国が、なぜ二〇世紀最悪の事態を招いたのか。でもあの瞬間の彼らにとっては、それが「正義」だったのだ。ひょっとしたら「さすがにこれはマズい」と思う人がいても、その個人的発言は許されなかったのだろう。悪しき集団主義が諸個人の多様な善・価値観を抑圧する危険は避けるべきだ。一〇〇人中九六人が右だと言っているとき、残る四人が左や下を向く発言をしていても、しょっ引かず、生かして「まあ言わせておこう」という程度には個人の自由を認めた方がよいだろう。「公共性」が前面に出されると逆らいにくくなるが、その公共性の中身を吟味して、「誰の負担で成り立つか」「誰の利益になるか」を明らかにする営みは大切だ。そうした批判精神をもつ「自由度」は、全体の中にも必要だが、仮に全体がそれをすっ飛ばして進もうとするにしても、そこを自由に批判・検証する諸個人は尊重されるべきだ。これが私の言う「個人主義的リベラリズム」である。

## (4) 正義と「自由」「善」「権利」

今述べた、「全体としては〝これぞ正義〟があり〝公共性〟の大義名分がある場合でも、諸個人の〝別のことを考えるリベラルさ〟も尊重する」という議論から、「リベラリズムの下での社会と個人」を考え、「自由」「善」「権利」という価値物を正義と照らし合わせてみよう。

まず「自由」について。「正義は諸個人の自由を極力保障すべき」との命題を提示する。社会的国家的制約が個人個人の自由を阻害しないようにすべきだ。歴史上の独裁国家、全体主義政体を知るにつけても、個人の自由の余地があることが大切だと思えるし、今の中国北京政府と香港やウイグルとの問題を見ても、これは過去の話では済まないなと思える。個人の自由を制約しうる唯一の理由があるとすれば「公共の福祉」だが、これもその「公共」の意味内容が為政者・権力者の都合でつくられていないか、厳密に問われるべきだ。そのうえで、公共と自由のバランスをとるなら、正義にかなうと言える。

次に「善」について。「正義は各人の善と区別すべき」との命題を提示する。正義、特に社会正義は、社会のルールとして示されることが多い。そのルールとしての正義が、特定の善のあり方に肩入れするべきではない。例えば、二〇二〇年にあったコロナ給付金一〇万円をどこかへ寄付するのは善なる行いだが、公務職員全員から没収し自治体への寄付金とせよと命じるのは、正義の名の下に善を曇らせたことになる。一〇万円を営業休止に追い込まれた飲食店の「将来のお食事券」購入に充ててその店が再開するのを応援しようという善、縁の深い観光地に次の休暇に出かけてそこで思い切り使ってあげようという善、どれも認められるべきだろう。今の社会にありうる多様な善が、それが善である限りは認められるというのが、社会正義である。

最後に「権利」について。「正義は個人の権利を最大限尊重すべき」との命題を提示する。正義の具体的内容として、権利保護は重要な候補となる項目である。それも、誰か特定の人だけの権利でなく、多くの人の、そして万人の権利を保護せよ、となる。自己主張を遠慮させるのはお互いの充足を減退させるから、自己の権利を前に出すのは理にかなっている。問題は、それが他者の権利と折り合っているかどうかだ。自己の権利と他者の権利が調和的に生かされる共通理解、それが正義を構想するうえで重要な課題となる。個人個人があっての他者どうしの調和だから、「全体」というものが最初にあるのではない。全体主義的統制が前面に出るのではない形で、「個人の権利」「それぞれの人間の尊厳」を守れる正義とは何かを、考え抜いて試行しよう。

# 第6章　中核となる正義概念

## 1　応報的正義

### (1) その基本概念

正義論を哲学として論じるとき、中核となる正義概念として、しばしば挙げられる言葉がある。「応報的正義」と「交換的正義」と「分配的正義」である。二〇世紀の正義論論争（その代表例が後の章に挙げるロールズvsノージック）でも、これらは当然の基礎的な概念整理だと見なされている。ここに1、2、3と整理し、それぞれ「その基本概念」から見ておこう。

まず応報的正義である。これの基本概念は、「人間の行為にはふさわしい報いを与えよ。それが正義だ」ということである。つまり、「罪には罰を、損害には補償を、功績には報奨を、労働には対価を与えよ」ということだ。

これがなぜ正義の中核となる概念なのか。それは、これが平等な人間関係における相互性原則を見事に表現しているからである。ギブ・アンド・テイクという言葉がある。フィフティ・フィフティという言葉もある。多くの人がこの言葉を用いるということは、「あげた分だけもらえる」「受けた分だけ返したらおあいこ」と皆が思っていて、応報的正義が通用しているということだ。

平等な関係のみならず、支配―被支配の権力構造においてさえも、応報的正義が秩序維持の安全弁になる。

例として、「赤穂浪士」（物語の別名は「忠臣蔵」）を挙げよう。江戸中期、赤穂の若き藩主、浅野長矩（あさの・ながのり）――歴史ドラマでは浅野内匠頭（あさの・たくみのかみ）の呼称が有名――が、幕府の長老指南役、吉良義央（きら・よしなか）――吉良上野介（きら・こうずけのすけ）の呼称が有名――に斬りかかり、切腹を命じられたが、吉良はおとがめなしとなった。これに赤穂藩家老の大石良雄（おおいし・よしお）――大石内蔵助（おおいし・くらのすけ）の呼称が有名――ら浪士（お家断絶で浪人の身となった家臣）たちが怒って一年後に吉良邸に討ち入って復讐を果たした。この「赤穂事件」に対して、庶民が赤穂浪士たちを「内蔵助たちは忠臣だ」としてほめたたえ、浄瑠璃作品などで伝説になった。現代も「討ち入り」の一二月一四日前後にはドラマなどが放映される。

なぜ庶民は幕府より浪士に味方したのか。幕府が「けんか両成敗」をしなかったからだ。斬られた吉良にも多少は非礼があっただろうに、幕府は両成敗せず浅野だけを断罪したことを、庶民の多くも許せないと思ったのである。つまり、応報的正義を江戸庶民は何となくわかっていて、幕府権力でなく赤穂浪士のほうを暗に支持したのである。さすがに幕府批判運動までは起きなかったが、安定していた幕府秩序が一瞬は揺らいだ。どこかで「応報」のポーズだけでも取っておいたほうが、より安全な秩序維持になっていただろう。

### (2) それが第一原理となる理由

応報的正義が、正義中核概念の第一の原理として提起されるのはなぜか。それは、人間の「原始感情」に適合するからだ。素朴な、ある種の本能としての人間的な思いが、「応報こそ正義だ」という命題に結びつきやすいのである。

「目には目を。歯には歯を」という言葉がある。古代メソポタミア（紀元前一八世紀ころ。今のイラク地域）のハンムラビ法典にある言葉だ。この言葉を俗世間では「やられたらやりかえせ」という復讐あおり立ての意味に解釈しているが、それは誤解である。ハンムラビ法典が語っていたのは、「同害同罰」という制御の原則である。「目をやられたら目だけをやり返しなさい。命まで奪ってはいけませんよ」というのがその真意だ。この「同害同罰」

原則を古代人も現代人も受け入れているということは、「同じ分だけ」という原則が人間の「原始感情」に適合しているということである。

　別の例として、自由主義経済の提唱者アダム・スミス（一七二三―九〇）を挙げよう。彼は『国富論』とともに『道徳感情論』という本も書いており、そこで「自然は、人間の胸の中に、相応的な処罰への恐怖を、人類結合の保障として、植えつけておいた」と言っている。悪いことをしたら相応に処罰されるからやめておこうと思うのが、人間が共生するための自然本性だ、というわけである。これも「応報」が原始感情だ、と言っていることになる。

　「応報こそ正義だ」という考えは、つまりは「相互性モラル」を表現している。良いことも悪いこともお互いに同じ分だけ返ってくるよ、ということで、わかりやすさ、訴えやすさがあるわけだ。歴史的言説を探せば、例えばキリスト教の『聖書』が挙げられる。「相手からしてほしいことを、相手にもせよ」と言っている。また例えば孔子の『論語』が挙げられる。「己の欲せざるところを人に施すなかれ」と言っている。やはり、良いことはしてあげた分だけしてもらえる、悪いことをされたくなかったら同じことを人にもするな、と人類は言い続けてきたのである。

## (3)　その問題点

応報的正義だけが正義か、応報的正義さえあれば世の中はうまく行くか、と考えたとき、問題点が見えてくる。三点で指摘しよう。

　第一点。「建前としては平等でも現実には不平等がある」と指摘できる。応報はギブ・アンド・テイクでありフィフティ・フィフティだから平等になるはず、と一見は思える。しかし、現実には人によって能力差があり、地位や家庭環境など社会的格差がある。

「やった分だけ報われる」というのは建前であって、現実には報われる者と報われない者とが存在する。「応報だから平等になって正義が実現する」というのは机上の空論で、「応報と言いながら不平等が横行するから応報的正義なんて疑わしい」と言われるかもしれない。

第二点。「応報をもたらすシステムに正当性が保たれないことがある」と指摘できる。例えば、損害を受けたから補償を求めて裁判に訴えたとき、公平な判決が約束されているだろうか。体制側・権力側に有利な判決になりがちではないか。

沖縄の基地問題では、被害者は沖縄の住民なのに、日本政府の軍事戦略が常に優先しているのではないか。何か「応報が破られた」決定が出されたとき、例えば不当解雇や賃金未払いがあったとき、異議申し立てやチェックの制度は十分に用意されているか。用意されているように見せかけて最後は権力者側に有利に落ち着く、となっている局面がまだまだ多い。

第三点。「応報が社会の利益となるとは限らない」と指摘できる。応報こそが正義なら、殺人には死刑しかありえない、となる。一人でも命を奪ったら自分の命で返すしかない、となるはずだ。実際には、二人以上殺していないと…などと死刑にまで至らないケースが多くあるが。ここで指摘したいのは、死刑以外の償い方のほうがプラスになることがあるかもしれない、ということである。

私の肉親が理不尽にも殺されたとする。悲しいし、相手が憎らしいだろう。そこで殺人犯が死刑を受けたら私はフィフティ・フィフティだと納得するか。いや、短絡的に人を殺すような奴と私の肉親との命は同等にはならない。死んでくれても納得はいかない。こちらの肉親が生き返らない限り私は満足しないのだが、せめて犯人が本当に悔いて心から謝罪し、毎月墓参りに来て、日常はどこかでボランティア活動をして贖罪活動を続けているとなれば、すぐ死なれるより私は慰められるかもしれない。これは理想通りに行く可能性は小さい話だが、可能性が残されているなら、こちらを追求するほうが良き償いが得られるかもしれない。

## 2　交換的正義

### (1) その基本概念

交換的正義の基本概念として、二つの筋立てを挙げることができる。第一には、「等価交換」を基本とすれば正義にかなうと見て、「交換こそ正義だ」と考える筋立てである。交換に向き合う二人がいて、一方が自分の能力と資源によって作り出した財物を、もう一方がふさわしい対価で受け取るという授受が、正義の表現だと考えるわけである。

第二には、「契約のルールの遵守」が正義であり、この正義を支えると考える筋立てとして「交換こそ正義だ」と言うのである。交換に向き合う二人とは「自由で理性的な主体」どうしであって、二人が「自己責任」で交換に合意する、と想定する。責任主体どうしのルールにのっとった契約だから正義だ、と考えるわけである。

### (2) その意義

交換的正義こそが正義だ、これを世に実現しよう、とすることで、「富の公平な分配と増大」が図れること、これが意義だとされる。古典的自由主義経済においては、アダム・スミスの言う「（神の）見えざる手」に導かれて分業と交換が活性化することになっているのだが、この自由経済をよしとする言い方が「交換的正義が貫かれているから」となる。

交換的正義があると何が良いのか。「市場経済が是認される」そして「〝小さな政府〟が正当化される」のが良い点だとされる。ルールの下に自由闘達に生産・流通・交換がなされ、自由な経済、自由な市場が是と認められて成長を促される、と考えるのである。そうすると、何かと管理し規制をはめ税金という名の上納金を取りたがる政府はいらない、まあせいぜい最小限でよい、となる。「小さな政府」で十分であり、昼間は自由人たちの交換で正しくうまく行くのだから、政府は夜間にこっそり盗みを働くとんでもない奴だけを取り締まってくれれば十分だ、「夜警国家」的監督にとどまってくれたほうがよいのだ、となるのである。

### (3) その限界と課題

では、交換ルールさえ守っていれば世界は正しくうまく行くか、いやそうではない、という現状がある。交換はやっているようだが、実は「正義」に反する現実があるのだ。権力構造ができあがると、その権力に近い者が得するようになりがちである。また、競争も自由に時によって勝ち負けがつくのではなく、弱肉強食が固定化されがちである。ここに不平等と格差は拡大する。「ルール通りやっただけです」というのは強者・勝者のみの言い分にすぎないのかもしれない。

この格差拡大あるいは格差固定があると、自由闘達であるはずの経済社会そのものが行き詰まってくる。口先の平等・自由は、実態の不平等・不自由を隠蔽しながら深刻化させるから、経済の活力は低下する。そもそも、自由に経済活動すればずっと成長し続けられるというのもどうやら嘘で、環境問題も考えれば成長は停滞・定常化に転ずる可能性が十分ある。経済成長しているから正義にかなう、という言い方は二一世紀には通用しなくなりそうだ。

どこからおかしくなったのだろうか。実は、最初の想定である「等価交換」からすでに怪しかったのではないか、と考えられる。「等価性」そのものの判定を見直す必要がありそうである。交換に差し出される財物の価値はどう決まるのか。公平に決まっているのか。「市場が決める」「需要と供給のバランス」「需要曲線と供給曲線が交差した一点で自然的必然的に決まる」と交換的正義論者は言うのだろうが、この「市場価格」はしばしば奇妙な姿をさらす。例えば、二〇二〇年春のコロナ禍のマスクの価格乱高下を見ると、正しい価格で売り買いされているとは思えない。

経済学の世界では、その財物に投下された労働の量によって価値が決まるという「労働価値説」があり、他方にはその財物がどれだけの効用を発揮するかによって価値が決まるという「効用価値説」がある。しかし、今のマスク価格の例を見ても、石油価格が思惑だけの先物取引（さきものとりひき＝利益幅を当てにして需要供給とは別の投資商品として買い占めたりすること）で乱高下する例を見ても、「何と何が等価か」に正義らしい回答は出されていないと思える。

もう一つ、最初の想定で疑ってかかりたい部分がある。「契約のルールの遵守」において「自由で理性的な主体」が置かれているが、これは「虚構」ではないのか。サギ商法のひどい例は論外としても、普通の取引でも理性的なフィフティ・フィフティの取引が必ず成立しているとは思えない。労働を差し出して労賃をもらうのも取引だが、金額を決めるのはもっぱら使用者側である。労働者側が「私の労働にはこれだけの価値があるからこれだけの賃金をよこせ」と言える場面は滅多にない。

よって、「理性主体の自由取引のはずだ」などと強弁せず、現実の力関係や情報の片寄りを考えて、その交換をいかに「正義」らしく調整するかが問われる。困窮に付け込んでの臓器売買契約が成り立つ貧しい国もある。都会の陰には「援助交際」とか「パパ活」という名の売春もある。「自由な交換だ。正義だ」と言いにくい事例がたくさんあることを我々は知っている。その交換が不正義ならば、理論でも現実でも是正していく必要がある。

## 3　分配的正義

### (1) その基本概念

分配的正義は、端的には分配を配慮することは正義だという考えであるが、その要諦は「結果調整原理としての正義」がある、ということだ。「機会の平等はよしとしよう。でも結果は不平等でよいか」という議論を前章で紹介した。その部分を考えようというのが、分配的正義の提唱である。富の再分配などを考えて実行し、「結果の不平等」をある程度は是正するのだ、というわけである。もちろん、その「ある程度」とはどの程度かという論議はすぐついて回るし、論者によっては「分配的正義という正義を私は認めない」と発言する人もいる。

なお、広義の分配的正義には、「負の結果の調整」としての「罰の量刑決定」も含む、とされている。右記の「富の再分配」は、プラス結果を上位者がそのまま独占するのでなく下位者にも少しは調整的に分配しようという話だが、世の中には「マイナス結果」もある。犯罪もあれば過失の害もあれば天災もある。そのマイナス結果を誰が背負うのか、という問題を考えるわけである。天災の話は、政府政策や寄付やボランティアの話が出てきて複雑になるので置いておき、過失も含む犯罪的行為に話を絞ろう。行為責任者を罪に問い、被害者に対して弁済させるのがまずやるべきことで、これが「負の結果を分配する」ことになる。しかしこれだけでは済まず、被害者への罪だけでなく社会不安を広げたことへの罪も問えば、量刑は重くなるかもしれない。逆に、犯罪者に責任を自覚させ立ち直らせたうえで社会に多少は恩返し（罪ほろぼし）させることを考えれば、量刑は軽くなるかもしれない。「負の結果の分配と調整」は、意外と難しい。

ちなみに、現在の刑罰の理論では、罰の量刑は今述べた「犯罪者に責任を自覚……恩返しさせる」という教育的効果を重視する、つまり犯罪者（過失者）を矯正することを目的として考える趨勢があり、「負の結果の調整」は

「矯正的正義」と呼ばれる。よって、この矯正的正義と区別された「狭義の分配的正義」は、富の再分配というプラス結果の分配のことを主に論じるようになっている。以下の議論でも、このプラス結果の分配のことを主として考えていこう。

## (2) その意義

分配的正義が「正義だ」と言えるとしたら、その意義は「交換的正義」との兼ね合いで二側面から語ることが可能だ。第一側面としては「交換的正義の限界を修正する」という意義、第二側面としては「交換的正義が正常に機能する条件をつくる」という意義、これらが語りうる。

まず、第一側面について。交換的正義の限界を調整し修正するために分配的正義はある、という語り方である。代表的な具体策としては、累進課税制度、つまり高所得者からは高率で税金を納めてもらって低所得者からは低率にすることが想定できる。多くの国では、累進率が急カーブか緩いカーブかの違いはあるが、累進課税制度を設けてはいるから、分配的正義をどこもある程度は認めている、ということになる。

この調整・修正とはつまり、「機会の平等→結果の不平等」を仕方がないものだと当然視するのでなく、格差をいくらかは是正するということである。格差を温存しさらに拡大させると、社会的不利益が大きくなる。都会の周辺に貧者のスラム街ができやすいし、社会の雰囲気が悪くなり犯罪発生率も高まる。富者とて、必要以上にやっかまれて犯罪に巻き込まれる可能性が高くなる。これらを抑制するのが調整・修正の目的であり、分配的正義を正義と認める意義だと言われる。

この考え方は、古典的自由経済から修正資本主義や福祉国家へ移行する根拠として掲げられる。アダム・スミスに代表される古典的自由経済だと、いわば交換的正義オンリーで、市場が変動して景気が乱高下して利益と損失が広がっても、強者と弱者が出ても、仕方がない、となってしまう。そこを修正して、景気低迷期には政府が公共事業を起こして失業者にカネを稼ぐ機会を与える、などの方針が「修正」資本主義である。そして、国家政策として社会福祉を重視し低所得者などに生活手段を与えるのが、「福祉国家」という国づくりである。こうした方向性は、交換的正義だけでは限界があるから分配的正義も取り入れよう、という姿を示している。

次に、第二側面について。「交換的正義が正常に機能する条件をつくる」ことが分配的正義の意義である、という語り方である。先の第一側面が、交換的正義にいわば「ダメ出し」をして修正する、というスタンスであるのに対し、この第二側面は、交換的正義の存在意義を認めればこそそれが機能し続けるよう仕向ける、というスタンスである。

分配的正義には、「交換当事者の当事者能力を保障する」という意義がある。だから正義なのだ、というのがその端的な主張である。すると、交換が「正常に機能」するためには、皆が「自由で理性的な主体」となる必要がある。相手の無知や弱みにつけ込んで不平等に成立させる交換は「正義」ではないのだから。よって、教育や最小限の生活は与えられることで、交換の当事者にふさわしい主体性が保たれる必要が出てくる。経済格差があるとき、教育格差や圧倒的貧困が目立って立ち直れない者が出ないように、分配的正義を発揮して教育支援や生活保障などをすべきだ、となるわけである。

分配的正義が交換的正義の機能持続に貢献するとしたら、着目点は世代交代である。「初期条件における公平性を世代にわたって確保する」というのが分配的正義の意義の一つである。自由競争の人生ゲームを是認するとしたら、次世代に移った時点でゲームはリセットされ、スタートラインはそろえられている必要がある。このリセット、スタートラインそろえに貢献するのが、例えば高額な相続税であり、平等な教育である。親世代が自己努力で大きな財産を築いたとしても、子に丸ごと受け継がれると、別の家庭の子とスタートの有利不利が大きすぎる。財産全部没収となると親世代の労働意欲や社会貢献に悪影響が出るので極端なことはできず、第二世代のスタートが完全に平等になるとは言えないのだが、相続税を多く納めさせて貧困家庭の教育支援予算に使えるならば、教育の平等にも近づく。こうして、世代交代のたびにある程度は格差が埋められるならば、継続的に当事者能力のある交換者が世に出現すると期待できるので、分配的正義があるからこそ交換的正義も持続する、と言われるのである。

### (3) その問題点

「1に応報的正義」「2に交換的正義」と来て「3に分配的正義」だから、これが論の最後を締めくくる最も正義らしい正義だ、と言っているように聞こえるかもしれないが、現代の正義論はそう簡単には収まらない。アンカー役らしき分配的正義にこそ一番やっかいな問題点がある、とも言われる。問題点を三つに整理して説明しよう。第一に「調整者の存在、その権力強大化」、第二に「福祉国家の抑圧的性格」、第三に「分配そのものの適正さと、その正義への納得度」を説明する。

第一の問題点。「調整者」なる者が存在することが問題であり、その者の権力がだんだん強大化するともっと問題だ、という指摘がある。「調整者・分配者」は、端的には「政府」である。（ちなみに、一瞬だけ矯正的正義の話に戻ると、矯正者は端的には裁判所である。）政府という公的権力を必要とするのが分配的正義なのだ。交換的正義では最小限の「夜警国家」で済んだところ、今度は分配調整にこの公共権力が深く介入してくる。徴税にせよ、分配基準づくりにせよ、そして分配実行に至るまで、強大な権力となる。

こうなると、もはや「小さな政府」では済まない。「大きな政府」となる。それを支えるにはかなりの国民負担が必要となる。機関を設立するのも役人を多数雇うのもお金がかかり、それは税金が多くかかるということだから。すると、「福祉の重税」という問題が生じる。受給者に恩恵が渡る前に、途中の手間に多額のお金が必要となる。

第二の問題点。福祉国家には「抑圧的性格」がある、という指摘がある。分配的正義を正確に実行するためには、各国民の財産・収支状況を把握せねばならない。税金を高く取りすぎても安くしすぎても不公平と言われるのだから。脱税など許さない厳しい徴税が行われる。他方、給付の場面でも、例えば生活保護を適用するか否かを決める際には、該当者チェックが厳密になされる。

家に冷房機がついていたら余力があると見なされて生活保護対象から外される、ということが昔はあった。自家用車を持っていたら仕事上必要なのだと弁明しても生活保護対象外、というケースは今もある。政府も地方自治体も、行政は権威主義化し、諸個人は懐具合を丸はだかにされ、公的な援助の前に親族間の援助可能性を精査するなどのプライバシー侵害までされる、ということがどんどん起こりうる。こうなると、自由を保障する福祉政策が自由を抑圧する、という逆説・矛盾が出てくるのである。

第三の問題点。分配そのものの適正さが本当にあるか、その「正義」への国民の納得度がどれほどあるか、どれほど持続されるか、と疑問視する指摘がある。分配基準の設定が、まずは難しい。二〇二〇年のコロナ禍で、救済措置として最初は大幅収入減の世帯ごとに三〇万円ずつ支給、とされていたのに、全国民に一〇万円ずつ支給、と変更されたのは、「大幅収入減」の基準をどこに置くかが難しかったからである。また、それを決めて審査し選別するのに手間がかかりすぎるし、どう決めても不満が残るだろう、と思われたからである。

そして基準が決まったとして、実行に伴いうる不正はきちんと防げるだろうか。防げなかったら、また国民に不満の種が増える。チェックはどうなされるのだろうか。決定がおかしいと思ったら異議申し立てはできるのか。その審査も大変そうだ。

そして最後に「納得度」の「持続」である。分配が一応はうまく行ったとして、「全」国民が「意欲」的に支持し「つづける」だろうか。この種の繊細な制度と実行は、国民的支持が大切となる。何よりも彼らが出資の頼りとすべき納税者であるわけだし、彼らの一部は謙虚に正しく使ってくれるはずの受給者なのだから。この種の営みには、最初はまあうまく行ったとしても、だんだん慣れ・飽き・疲れ・ズルが出てくるものである。「全員」の「意欲」がこの制度を支えるであろうに、それを長期的に「つづける」ことは至難の業なのである。

以上、現代の中核概念として応報的正義、交換的正義、分配的正義を説明してきたが、それぞれの限界や問題点を見るにつけても、議論は簡単には収束しそうにないことが予想できる。

なお、「分配的正義」を「配分的正義」と表記する文献もあるが、本書では前者の表記を採用している。「分配」とは中央にある財物を人数などに応じて（均等にとは限らないが）分け与えることであり、「配分」とは部門別に分けてあてがう（国家予算を社会保障費や国防費に分ける、個人収入を住居費や食費に分ける、など）ことである、と分けて定義しよう。この定義に従うと、今回の文脈には「富の諸国民への分配」といった発想が適合する、と考えられるのである。

# 第7章　正義論の歴史

## 1　正義をめぐる古代の哲学

### (1) ソクラテス

前章では、正義の中核概念として「1　応報的正義」「2　交換的正義」「3　分配的正義」を見てきた。特に、アンカー役でありかつ問題点指摘も複雑となる「分配的正義」は、この先の章で扱う「ロールズの正義論か、それともノージックの正義論か」という現代哲学の議論の背景となる。本章では、現代の哲学者たちの正義論の前に、哲学史の中に正義をめぐる議論がどの程度あったかを見ておこう。とはいえ、西洋哲学史に限っても古代から近代までを網羅すると多岐にわたるので、現代哲学を語る導きになる話に絞って、それも圧縮した要点のみにしておく。

西洋古代哲学と言えば、ギリシアの三哲人、ソクラテス、プラトン、アリストテレスの名前が挙げられる。紀元前五世紀から四世紀にかけて、今から二四〇〇年くらい前の人たちだが、ソクラテスの一番弟子がプラトン、プラトンの一番弟子がアリストテレスである。

ソクラテス（紀元前四七〇―三九九）は、古代ギリシアの都市国家アテネで活躍した哲学者で、歴史上「哲学者らしい哲学者」と呼べるのは彼が最初かもしれない。彼の哲学全体の話は割愛して、正義という議論に絞ろう。彼は、徳（人間としてのよさ）を身につけるには、それを真に知っていなければならないとし、「知徳一致」を提唱した。そして真に知れば必ず行為へと導かれるとし、「知行一致」を提唱した。その徳として「善」と「正義」を挙げ、「善く生きる」こと、「正しく生きる」ことを求めた。

ソクラテスは、死のエピソードが有名である。彼の「妄言」が若者を惑わすとして（実は彼のほうが正しいと周囲の者が感じて恐れたからであろうが）、彼は死刑を宣告されたのであるが、アテネから逃亡せず、自ら毒杯をあおって死んだ。「悪法もまた法なり」と弟子たちに言ったらしい。アテネの法に従うこともまた彼なりの「正義」だったのである。

### (2) プラトン

プラトン（前四二七―三四七）の哲学を、正義に関する議論に絞れば、「四元徳」（「しげんとく」でも「よんげんとく」でも可）の話になる。彼は人間の魂を理性の部分、気概の部分、欲望の部分という三部分に分け、理性には「知恵」という徳を、気概には「勇気」という徳を、欲望には「節制」という徳をあてがうべしとする。そして以上の三つの徳すべてをつかさどる上位の徳が「正義」だとする。三つの元素となる「知恵」「勇気」「節制」という徳を調和的に支配する第四の徳、というより三つより上にある最上の徳、これが「正義」という徳なのである。

プラトンの四元徳は、一人の人格の中に備わっているのがもちろん理想なのだが、人間は全能ではないから、人それぞれの特性によって役割分担するのがよく、これがプラトン国家階級論になる。知恵を分担するのが「統治者」、勇気を分担するのが「軍人」、節制を分担するのが「生産者」（農民など。奴隷は市民とは認められていないからこの生産者という第三階級にすら入っていない）である。これら三階級がそれぞれの職分を果たして調和するのが「国家の正義」であり、ここに「理想国家」が成り立つ、というプラトン哲学が、世界最古の政治学だとされる。特に、知恵に優れる統治者は哲学者が適任であるとして、「哲人政治」を彼は訴えた。

### (3) アリストテレス

アリストテレス（前三八四―三二二）の哲学において、「正義」という言葉は、「倫理的徳」（別名「習慣的徳」あるいは「習性的徳」）の一つとして出てくる。ちなみに、「倫理的徳」とは別に、それより前に「知性的徳」があるとされ、「観想（テオリア）」が知性的徳の筆頭に置かれる。

彼は、倫理的徳の議論の中で正義に言及する。人として正しい行いをする総合的な状態を「全体的正義」とし、その中の具体的徳目を「部分的正義」とした。そしてその部分的正義の一つとして、「分配的正義」あるいは「配分的正義」と呼ぶものを挙げる。これは、人間それぞれの価値や能力、そして果たした業績に応じて、富や地位を適切に与えることを指す。これを「分配」と呼ぶか「配分」と呼ぶかはたしかに微妙である。要は、単純な頭割りの均等平等ではなく、人に上下の差を認めて比例的平等を実行するということである。前章で説明した今日の分配的正義とは、意味内容が違っている。

またアリストテレス哲学には、「矯正的正義」（別名「調整的正義」あるいは「規制的正義」）という言葉も出てくる。罪を犯した人には罰を与え、被害や損害を受けた人には補償をして、損益・得失が人々の間で平等に戻るように調整するということである。こちらは、前章の分配的正義の「基本概念」で説明した「負の結果の調整として の矯正的正義」と似ている。アリストテレス哲学用語は、近現代の正義論者が論を立てるにあたって参考にしていることが多い。

## 2　正義をめぐる近世の哲学

### (1) 古代・中世から近世・近代へ

西洋哲学史では、紀元前七世紀から紀元後二世紀まで（長く見れば紀元後四世紀まで）を古代哲学史と見る。その後の一四世紀までを中世哲学史、その後の一九世紀半ば過ぎまでを近代哲学史と見る。そして「近代」を前半後半に分ければ、前半が「近世」哲学史であり後半が狭義の「近代」哲学史となる。

古代哲学史でもソクラテスからアリストテレスまではごく一部分であり、中世哲学史は一〇〇〇年にまたがるのだが、本書では「正義をめぐる」と限定しているので話を絞る。中世については、偉大な哲学者としてアウグスティヌス（三五四―四三〇）やトマス・アクィナス（一二二五―七四）の名を挙げられるのだが、いずれも哲学者というよりキリスト教神学者という側面が強い。正義論を探し出しても「神の下の正義」という話になり、本書でテーマとする「人間社会の政治を含む正義」とは結びつきにくい。

よって、本書では中世の話は省略し、近代前半＝近世の話に移ろう。そして、現代の「富の占有、分配」といった文脈で論じられる正義論を念頭に置いたとき、近世で思い起こされる人物は、「所有権の正義」を説いたホッブズとロックである。そして近代では、「経済的自由の正義」を説いたアダム・スミスである。また、現代の「分配と福祉」にも通じる論者としてヘーゲルも挙げよう。以下、それらを紹介する。

### (2) ホッブズ

一七世紀のイギリス（正確に言うと、スコットランド王国とは別のイングランド王国。合併してグレートブリテン連合王国――これを日本人は「イギリス」の基本形だと見なしている――になるのは一八世紀初頭）にて活躍したホッブズとロックは、社会契約論者として有名である。彼らの思想に「近世の正義論」を見いだすことができる。

社会契約論とは、簡単に言うと「人間は自然状態では問題を有するから、全員がいっせいに契約を結んで自然権の一部を公権力に譲渡し、契約社会としての国家を設立するのだ、と国家成立メカニズムを説明する理論」である。ホッブズとロックでその説明に違いはあるが、その点は筆者徳永の別著『今を考えるための近世思想』で語っている。ここでは、「正義論」との関連に絞って述べよう。

ホッブズ（一五八八―一六七九）と言えば、「万人の万人に対する闘争」という言葉が有名である。人間は自然状態では自己保存を求める闘争になるから、社会契約を結んで国家に従うことで生存と平和が得られる、と論じるのである。契約した社会すなわち国家に権利の一部を各人は譲渡しているとするのだが、他方、国家に譲渡していない権利として「所有権」を挙げる。そして、この所有権を守ることが「正義」だとするのである。売買や貸借によるものも含む「所有」を、前章で述べた「交換的正義」のような発想をもって正当化する。その所有がどちらのものかというトラブルになった場合は、「分配を正しく仲裁する分配的正義」という言い方もする。今日的な「分配的正義」の定義に当時から沿っていたわけではないが、正義という言葉を使いその概念整理をしていたことはうかがえる。

ホッブズの契約論と正義概念は、清教徒革命（一六四二―四九）と名誉革命（一六八八―八九）に進む当時のイギリスの発展段階にちょうど適合していた。後世の評価では、彼は保守的な王党派でも革命的な議会派でもなく中途半端な立ち位置にいたとされるのだが、王政から議会制（王は君臨すれども統治せず！）に移行する時期にあって、「国家とは？」「市民の契約とは？」「正義・権利とは？」という人類普遍の問題に取り組んだ哲学者だったと言える。

## (3) ロック

ロック（一六三二―一七〇四）は、ホッブズの「所有権としての正義」をいっそう発展させ、「自分の労働を投下してつくったものは私的所有ができる。これが正義だ」と言いきる。自由な諸個人が平等なチャンスの下に自己身体を用いて労働を投下したところには私有財産の所有権が発生する、とするのである。具体的には、自分で開墾した大地は自分の農地としてよい、ということだ。

ロックは、中学高校の社会科教科書では「名誉革命に抵抗権・革命権という理念を与えて革命を裏づける理論を示した啓蒙思想家」として有名である。「ロックが名誉革命を理論づけた」という表現は不正確なのだが（その詳述は徳永著『今を考えるための近世思想』参照）、あの時代に「権利」という概念を強く訴えた先進的思想家であったのは間違いない。ただし、彼の権利論の中心にあるのは「所有権」であり、その所有の根拠は「労働投下」である。

実は、「私が労働して開いた土地は私の所有。これが正義だ」という論には穴がある。「その土地は元々どこにあったのか。例えば先住民が〝所有〟という概念は持たずにそこいた場合はどうなるのか。そしてまた、自由に開墾できる広大な土地がいつも十分にあるのか」という問題点に、ロックは答えきれていない。この点の議論も『今を考えるための近世思想』に譲る。とにかく、「労働↓私有↓富の拡大」という流れを正当化して、近代ブルジョア社会を支える正義論の前提を整えたのが、ロックという哲学者であった。

## 3　正義をめぐる近代の哲学

### (1) なぜ「アダム」？

正義論から逸れるが、ここで少し確認しておこう。「アダム・スミス」と名（ファーストネーム）・姓（ファミリーネーム）のフルネームで呼ぶ習わしが世にある。本書では途中からはさすがに省略して「スミス」と姓のみで呼ぶが。他方、次に説明する「ヘーゲル」を「ゲオルグ・フリードリッヒ・ヘーゲル」とファーストネーム・ミドルネーム・ファミリーネームで覚えている人は少ない。では、どんな場合にフルネームあるいはそれに近い呼称を使うのか。あっさり答えると、「慣例による」のである。

「スミス」は英語圏に多い姓で、アメリカでは頻出度一位である。近代経済の文脈に限定すれば「スミス」だけでも他者と混同することはほぼないのだが、やはり紛らわしさが残る。幸い日本語表記だとたった三字、発音も三音節で済むので、「アダム・スミス」と六字六音節にしても長すぎず紛らわしさがなくなってよいだろう、となったのである。

本書ではプラグマティズム哲学者として「ジェイムズ」を紹介したが、すでに述べたように第二子である弟も有名な文学者である。あの章で述べたが、関連するので再確認しよう。哲学と文学が混ざる文脈だと哲学者「ウィリアム・ジェイムズ」と文学者「ヘンリー・ジェイムズ」とで呼び分ける。

さらに、この兄弟の父親は「ヘンリー・ジェイムズ」で第二子と同名である。父もこの次男も登場する文脈だとフルネームでも区別がつかない。この場合、子の方にだけJr.を追記して「ヘンリー・ジェイムズ・ジュニア」とするのが普通である。ただしジェイムズ一家に限って言えば、父親より第二子のほうがはるかに有名なので、第二子のほうを「ヘンリー・ジェイムズ」で済ませ、父親のほうを「ヘンリー・ジェイムズ・Sr.（シニア）」と呼び分ける人が多い。

## (2) アダム・スミス

一八世紀のイギリスで活躍したアダム・スミス（一七二三―九〇）は、『国富論』で自由主義的な経済を提唱し、「市場に任せておけば（神の）見えざる手によって需要と供給がバランスよく噛み合い、経済は発展する」と主張した。この主張によって彼は、古典的自由主義経済の元祖とされる。ちなみに、（神の）とカッコつきにしたのは、スミスの著書には「見えざる手」としか書かれていないからである。後世の研究者が、天空の神様に上手に操られているようなイメージで「神の見えざる手」と説明するようになったのである。

このアダム・スミス経済理論によると、自由な市民社会を維持するための正義とは、政府が介入することを極力抑制した「夜警国家」的な正義で十分だ、となる。市場取引による「交換的正義」のみをもっぱら前面に押し出し、自由放任経済を正当化するのである。市場に政府が口出しして取引を規制するとか、価格に統制をはめるとかは、決してやるべきではない、というのが彼の「自由」であり「正義」なのである。

このスミス理論は、聞きようによっては、弱肉強食の経済論となって強者の横暴を肯定するような印象がある。スミス自身、そこには歯止めをかける論を書いている。彼は元々、経済学者というより哲学者で、『道徳感情論』という大著も残している。ここで彼は、「観察者の共感による正義の社会化」を訴える。正義にかなうこと、公正であることを守る指標として、「公平な観察者」の「共感」を得よ、と語るのである。交換的正義で押し通すことはやめないのだが、その交換の公正さを裏づける道徳感情として、「公平な観察者」の「共感」を要請するのである。強者が弱者に自分だけに有利な交換を強要することは許さず、公平な第三者の目から見てもそれでいいよと思ってもらえるような交換がなされるなら、交換的正義だけで十分な正義の社会が成り立つはずだ、と考えるわけである。

近年のスミス研究では、『国富論』的な自由放任経済論だけでなく『道徳感情論』的な「公平な観察者の共感」論を補充することによってこそスミス哲学は成り立つ、と見られている。近代の自由主義経済社会を正当化するにあたって、交換当事者二人以外の観察者である「他者」の「承認」という要素を導入したのがスミスの特徴だと言える。

### (3)ヘーゲル

ヘーゲル（一七七〇―一八三一）は、一九世紀前半に特に活躍したドイツの哲学者で、ヨーロッパ近代哲学の総括者、アンカーだと見なされている。ヨーロッパ哲学史では、ヘーゲル没年までを「近代哲学」、没後から今日までを「現代哲学」と区分している。

様々な哲学分野を持つヘーゲルであるが、正義論に限定すれば、「交換的正義プラス分配的正義」の現代的正義論の先取りのような理論を提示している。

ヘーゲルは、ホッブズ、ロック、スミスという自身の直前までのヨーロッパ史を踏まえて、まずは「私有」を肯定的にとらえ、私有の安定を正義と見なす。その安定化のために「司法」を正しく樹立することを訴える。そして、その先に弱肉強食社会が出現することを心配して「福祉」も配置する。「私有」プラス「司法」プラス「福祉」が、ヘーゲル正義論だと言えるのである。

ヘーゲルが生まれた一八世紀後半には、イギリスでは産業革命が始まっており、アダム・スミス理論が工業生産・流通の自由経済を後押ししていた。数十年遅れでドイツとフランスにも産業革命が始まる。資本家の独占的私有を批判する初期社会主義思想もちらほら出現する時代だったが、基本的には私有が社会全体の富を増やすと考えるのが主流だった。この近代的経済社会をヘーゲルは、中産階級による「市民社会」と見なし、市民社会の新しい地平を、次の三段階の理論で発展的に描き出す。

第一段階は「欲求の体系」である。農業以上に工業が発展する時代に、「労働」によって「欲求充足」に向かう市民たちが、「私有」財産を獲得することで、社会全体の富を増やしている、と見なす。

第二段階は「司法活動」である。欲求充足で財産を築く市民たちが、その財産を不当に脅かされないように、私的な「所有」を「法的に保護」する社会にする必要がある、と説く。そして、そのための「司法」の活動、裁判所の整備などを訴えるのである。

第三段階は「福祉行政」と「職業団体」である。私的所有はＯＫだ、それが社会全体の富を増やすのだ、とは言ってみたものの、貧富差、底辺労働者の悲惨な生活が目立ちはじめ、スラムや犯罪が生まれやすい世が、早くも見て取れた。これは健全な市民社会とは呼べない。そこで、貧富差などを緩和する「福祉」を行政に組み込み、失業者を保護して労働機会を与える仕組みなどを作ろう、というわけである。また、職種による階層差のほかに一職種内にも上級者と初級者がいて賃金格差が生じるので、「職業団体」を機能させて団体内の初級者を上級者が教え導きながら助ける仕組みを作ろう、と主張する。他の職業団体との協力関係を築いて、市民社会全体を安定させることも考えている。

以上のように、「労働による所有」という当時のヨーロッパ哲学を受け継ぎながら、今日の福祉制度や職業組合的互助組織に通じる発想をもってして、「正義」のある社会を唱えたのがヘーゲルなのである。特に、右記の第二段階を、そしてさらに第三段階を強調したことは、「交換的正義」に加えて「分配的正義」も考慮しようという、現代正義論の先駆的役割を果たした、と高く評価できる。

# 第8章　ロールズの正義論

## 1　リベラリズムとリバタリアニズム

### (1) 政治思想における「右派」と「左派」

ロールズは現代思想のリベラリズムの代表者であり、かたやノージックはリバタリアニズムの代表者である、とされている。本書ではこの第8章でロールズ正義論を、そして次の第9章でノージック正義論を扱うのだが、その前にリベラリズムとは何か、リバタリアニズムとは何か、を説明しておこう。

まずは、いわゆる「右派と左派」のイメージを素描し、その指し示すところが二〇世紀終盤から変化してきていることを語ろう。

近代市民革命以降、右派（その極端な活動家が右翼）は、保守的で、伝統主義で、旧来の階層秩序と既得権力を重視する流派であると見られてきた。かたや左派は、革新的で、時代最先端の改革主義で、古い階層や権力を打破しようとする流派、と見られてきた。市民革命時代だと、王政と貴族階級を守ろうとするのが右派（議会場の右寄り席に座っていた）で、新興中産階級市民の地位を向上させて国政も市民代表から成る議会の政治で行おうとするのが左派（議会場の左寄り席に座っていた）であった。

一九世紀から資本主義社会が広まると、資本家とその既得権益を守る政治体制の支配者的な思想に対抗して、労働者一般の人権を尊重して社会全体の平等な生活向上を訴える社会主義思想が生まれ、前者が右派、後者が左派、とされた。二〇世紀に入ると、後者の思想を先鋭化して、「資本家階級を打倒して労働者階級が主役となる国をつくる」というマルクス主義が世界の一部地域で勢力を持ち、ソ連や中国といった「社会主義国家」が生まれた。その当時の歴史認識としては、これら新しい社会主義国家とそれに共感を示す考え方が左派で、資本主義体制を守る国家とそれを支持する考え方が右派とされた。(なお本書では、政治文脈で使う「社会主義」と経済文脈で使う「共産主義」を区別することに気をつかわず、社会主義国家イコール共産主義国家として扱う。)

しかし、二〇世紀後半になると、その「社会主義国家」が労働者の平等な天国をつくっているというのは嘘だとわかってきた。資本家はいない代わりに国家官僚が、国の富を独占的に掌握する。王族ならぬ国家官僚が、国民労働者を強権的に管理し、一律の経済活動を命令する。国民には政治的発言や思想・信条の自由はなく、国家方針に沿うように抑圧され、仕事も学問芸術もスポーツも選別的に「させられ」る。経済的にも自由競争がないから、創造的な諸方向に発展することはなく、沈滞しがちだ。これらのことが明らかになってきたのである。やがてそうした諸国家は、連邦が分裂したり、市場経済に転向したりした。少なくとも経済システムとしては、資本主義に衣替えしたのである。こうして、二〇世紀社会主義諸国に労働者の「平等な天国」はないこと、資本主義諸国以上に抑圧的だということ、これらが暴露されたのである。よって、資本主義体制の影の部分に対して、左派がよりよいアンチテーゼを提示する、という図式は成り立たなくなって、「右派の資本主義に対抗する左派の社会主義」という色分けは、一九八〇年代以降は使わなくなった。

そして二一世紀の現代である。「右派は既得権力者を守る思想、左派は平均的労働者に配慮する思想」というイメージは残っているが、基本的に二〇世紀型の社会主義は「抑圧と沈滞の大失敗」で今や論外とされ、資本主義の範囲内で、「力ある者がどんどん儲けて権益を増やせば社会も豊かになるからよいのだ」とする思想が右派、「儲けを権力者が独占せず平均的市民にも恩恵が回るようにしよう」という思想が左派、とされている。

## (2) リベラリストとリバタリアン

ここまで来てやっと、「リベラリズムとリバタリアニズム」という言葉が出せる。経済的な資本主義、政治的な自由主義が現代世界のスタンダードだとして、その範囲内で「平均的市民の広い恩恵を考慮すべきだ」と考えるのが「左派」で、これがリベラリズムと呼ばれる。二〇世紀後半の現代哲学史では、ロールズがリベラリズム主義者つまりリベラリストの代表だとされる。

かたや、「既得権益は努力の成果と認めて自己利益に徹してよい」と考えるのが「右派」で、これがリバタリアニズムと呼ばれる。次章で詳述するノージックがリバタリアニズム主義者つまりリバタリアンの代表だとされる。

どちらの流派も「リバティー＝自由、解放」が基本であり、その意味ではどちらも広義のリベラリズム＝自由主義なのだが、「自由が大前提ではあるが、弱肉強食ではなく、ある程度は平等も考えよう」というのがリベラリズムで、こちらを「自由主義」と訳す。これが広義の自由主義の中の「左派」としての、狭義の自由主義だということになる。

他方、「自由こそが全てで、勝者がどんどん儲ければ国富が増えて、結果的に敗者にも富のおこぼれが来るからいいじゃないか」というのがリバタリアニズムで、「自由至上主義」と訳される。これが「右派」として、たんなる「自由」でなく「自由至上」の主義だ、とされる。

逆に言うと、左派の「リベラリズム」つまり「リベラルな考え方」とは、「たんに強者の自由のみを語るのでなく、弱者配慮なども視野に入れた共存・平等の要素も含む思想」ということになる。なお本書では、右派のリバタリアニズム（自由至上主義）とネオリベラリズム（新自由主義）をほぼ同義として扱う。

### (3) リバタリアニズムにおける弱者配慮

以上のように述べると、「リベラリズムは平均的な人々にやさしく特に弱者に配慮するが、リバタリアニズムは強者による専横を是認して弱者を抑圧することになる」と聞こえるかもしれない。議論を公平にするために、バランスを少し取っておこう。

リバタリアニズムの人々すなわちリバタリアンは、平等に近づく分配を制度とすることは拒否するが、自主的な寄付（チャリティー）や社会貢献（フィランソロピー）は大いに奨励する。そこに弱者への配慮はあると考える。貧しい人に施しを与えるのは名誉ある行為なのである。自分が精一杯に稼いで、社会に豊かさを広げることが「善きこと」なのである。公平に弁護すれば、リバタリアンたちに強欲でない博愛主義者もいるにはいる。ただし「自由至上」であるから、寄付も社会貢献も「自発的」でなければならないとする。これが自発的でなく、制度的に稼ぎを没収されて貧者に回されるとなると、その強制的制度は「精一杯に稼ごうとする意欲」まで低下させ、結果的に社会を豊かにしない、と考えるのである。ここがリバタリアンの特徴的な言い分となっている。

## 2 ロールズ正義論の哲学

### (1) 第一段階：功利主義への批判

さていよいよ、リベラリストの代表者であり二〇世紀最大の哲学者とも称される、アメリカのジョン・ロールズ（一九二一―二〇〇二）について詳述しよう。代表著作が『正義論』（一九七一）で、多くの肯定的評価を呼び、その反響の大きさゆえに、批判的評価もあちこちから語られた。ロールズ自身、一九七一年以降も講演や著作で自らの訴えを、一部は修正しながら公表しつづけた。一九七〇年代以降の哲学者は、肯定するにしても批判するにしても、ロールズに言及することなしに哲学を語ることはできない、という雰囲気の中にいた。二一世紀現在も、その雰囲気は残っている。以下、四段階で「ロールズ正義論」を要約しよう。

第一段階でロールズは、「功利主義を批判する」という論を立てる。

功利主義とは、簡単に言うと、「快楽・利益の追求を善と認め、ルールに基づく競争で各人が自己利益を求めることを是認して、結果的に社会が活性化して社会全体の利益が増えるなら善いことだ」とする主義である。この功利主義哲学を精神的後ろ盾としたから、一九世紀のイギリス、二〇世紀のアメリカは、世界最先進国となって最も豊かな国になれたのだ、とされている。

しかし、この二〇世紀自由主義経済の主流派思想となった功利主義を、二〇世紀後半の資本主義のひずみ、格差の拡大の中で、ロールズは批判する道を選ぶ。「快楽・実利・効用を積極的に求め、社会の総和としての幸福を目ざす」という功利主義方針では、「総和さえ増えれば、少数者の悲惨な状況には目をつぶってもよい」という強者の論理になる、と批判するのである。

## (2) 第二段階：社会契約思想の復権

第二段階としてロールズは、「社会契約思想を復権させる」という論法を採用する。

一七〜一八世紀のいわゆる啓蒙思想においては、国家が成立する過程を「社会契約」という考え方で説明する論が有力であった。ホッブズ、ロック、ルソーといった啓蒙思想家、社会契約思想家は、「人間たちはまずは自然状態にあるが、そのままでは安定しないので、全員が契約して諸権利を公権力に委託して社会を作る。この社会が国家だ」と論ずる。国家の成立は社会での契約によるのだ、と見立てるのである。

これは、歴史的事実として「〇〇年〇〇月に世界の人類が社会契約を交わした」と言っているのではなく、理念としてそう説明すれば国家の意味がわかると言っているのである。しかし二〇世紀になると、「理念だとしても、国家が成立する物語として都合がよすぎる。虚構の物語にすぎない」と言われて、社会契約思想は軽視されるようになっていた。

ここでロールズは、この忘れ去られようとしている社会契約思想を復権させる。たしかに物語ではあるが、そこには正義感覚にかなう合意形成の理屈がある、と見るのである。そして、この「構成員みんなが契約あるいは合意を図るとしたら……」という発想を重視する。社会契約論そのものをもう一度使うというわけではないのだが、合意形成の理屈を再発見しようとするのである。

### (3) 第三段階：無知のヴェール

第三段階としてロールズは、「無知のヴェール」という新しい概念装置によって、社会契約思想を修正する。「社会契約なんて虚構だ」という批判がすでにあることを、ロールズは意識している。そして、社会契約思想家たちの言うような、「原始的な自然状態」を想定して「そこで全員がいっせいに社会契約を結ぶ」という論法にはさすがに無理がある、とロールズは認める。

そこを修正してロールズは、自然状態の代わりに「無知のヴェール」という新しい概念を、思考過程の装置として置く。そしてこう問う。「あなたがオギャーと生まれる直前の赤ちゃんだとして、どんな境遇に生まれるかを知ることのできないヴェールをかけられていたら、どんな社会を望みますか」と。

その自分が生まれる社会は、大富豪と極貧者に分かれる社会かもしれない。ほどほどの富者と何とかはできそうな貧者が混在する社会かもしれない。そして自分が生まれる境遇は、金持ちの家かもしれないし、貧しい家かもしれない。そこが「無知のヴェール」をかけられて見えない、と想定するのである。これが、社会契約思想の「原始的な自然状態」に代わるロールズ流の想定である。

そしてロールズはこう推論する。「こう問われた人の多くは、自分が最悪の境遇、その社会ではもっとも貧しい家に生まれる場合を考えて、最も不利な立場の人でも何とかはできそうな社会がよい、と答えるだろう」と。大富豪と極貧者に分かれる社会よりも、富者もほどほどで貧者もほどほどという社会のほうがマシで、自分が生まれる家を前もって知ることができないなら、後者の社会に生まれたいと思うはずだ、と言うのである。

この推論にある考え方を「マキシミン・ルール」と呼ぶ。マキシマム（最大）がミニマム（最小）であることを選ぶものだというルール（法則）である。この場合は、「最悪の状態（マキシマム）が一番マシ（ミニマム）である状況を選ぶのが多くの人の答えだ」ということになる。経済格差の大きい社会で極貧者の家に生まれる可能性があるのなら、格差の小さい社会で何とかはできる程度の貧者の家に生まれるほうが無難である、と人間は考えるものだ、というわけである。

金持ちの家に生まれると前もって知ることができるなら別だが、そうでないならどれを選ぶかと問うのが、「無知のヴェール」をかけることであり、最もひどい境遇になっても何とかできる程度の最小のひどさにとどまれるようにするものだというのが、「マキシミン・ルール」なのである。

こうしてロールズは、「最も恵まれない人」の立場に立って「ほどよい平等」が実現されるのが正義である、と考えるに至る。

### (4) 第四段階：正義の二原理

第四段階でロールズは、「正義の二原理」を提唱する。

彼は、二〇世紀アメリカ社会の格差を憂えながらも、自由主義の長所は認めている。『正義論』を出した一九七一年ころは、ソ連・中国型共産主義の「平等な労働者の天国」という謳い文句がどうやら実体を伴わない嘘らしいと気づかれ始めた時代である。ロールズは「アメリカも共産主義になればいい」とは全く思っていない。そこには不自由な抑圧の弊害のほうが大きいと思っている。

そこで、自由主義社会を肯定はしつつも、「ほどよい平等」のためにどんな原理を置けばよいかを考えた。その結論が、次に示す「正義の二原理」である。第一原理と第二原理があり、そして第二原理の中には第一項と第二項があるので、この二つの項を分けて考えれば、三つの原理と見ることもできる。

第一原理：平等な自由の原理
　政治・思想などに関する基本的自由は、全員に平等に分配されるべきである。
第二原理の第一項：公正な機会均等の原理
　社会的・経済的不平等は、全員に開放されたチャンスがあったうえでの結果としての職務や地位の差に限定されるべきである。
第二原理の第二項：格差原理
　社会的・経済的不平等が生じるとしても、常に「最も恵まれない人々」の境遇ができるだけ向上するように、少なくとも一層不利にはならないように配慮すべきである。

これは原著とその邦訳書を、徳永なりにわかりやすく意訳したものだが、これが有名なロールズの「正義の二原理」である。特に第二原理の第二項「格差原理」が有名で、ここにロールズ正義論の真骨頂があるとされる。

## 3　ロールズにとっての「正義」

### (1) 自由と平等

つまるところロールズは、何を言いたいのだろうか。徳永なりにかみ砕くとこうなる。「自由競争社会の効率性と生産性は認めるので、社会主義的な単純な平等を主張することはしないが、過度の格差を是正する方向に常に関心を向けよう。それが正義である」と。

右記の「第一」「第二」という順序には意味がある。「第一」のほうが、優先順位が高いのである。まずは第一原理による「自由」が最優先で、その自由を持つ権利が「平等」に開かれていることが重要だとする。

次に第二原理の第一項による「公正な機会均等」が来る。チャンスは平等でその結果に差がつくことは覚悟する、というわけである。

最後に来るのが第二原理の第二項による「格差縮小」である。格差を機械的にならせとは言わないが、なるべく広がらないように、できれば縮めるように世の中は動くべきだ、ということである。

「大事なのは自由か、それとも平等か」と問われれば、ロールズは自由を選ぶ。自由が最優先だが、その自由を求める環境は多くの人にとってなるべく平等であるように、というのがロールズの基本的な考え方なのだ。

本書の第5章で問題とした「機会の平等か、結果の平等か」という問い方で迫るなら、ロールズは「機会の平等があればよい」との答え方になるだろう。ただし、機会が本当に平等に与えられていたかは厳しく問う。そして、結果の不平等をなるべく大きくしないように、結果の不平等が起こるとしても理不尽でなく有意味な（納得できるような）差のつき方であるように、と求め続ける。

## (2) 格差原理すなわち格差縮小方針

「自由が最優先原理だから結果の差はつきものだ。でもなるべく縮めよう」というのがロールズ正義論の端的な主張であると言える。「格差原理」とはすなわち「格差縮小方針」なのだ。

これを現実社会でどうイメージすればよいだろうか。徳永はこんなイメージを持っている。

公務員が、地位も安定して収入も比較的高い部類の職業で、多くの人が目ざしたがる職業だとする。ある種の公務員試験の受験資格が、大学卒なら平等にあるとしておく。試験の結果に合否の差はつくが、旧帝大系の国立大の卒業者には前もって一〇点上乗せしておく、などとは決してしない。そして公務員になったら、公共のために働くのであるから、貧者が多く窓口に来るであろう弱者支援サービスに、決して手を抜かない。支援し、もっと支援が行き届く工夫はないかと知恵と努力を注ぎ込む。制度改革のチャンスがあったら、弱者の不利がもっとマシになる改革に手を尽くす。この努力と尽力への見返りが地位の安定であり収入の高さなのだ、と自身に言い聞かせる。

また、コロナ禍の二〇二〇年以降ならば、こんなイメージも描ける。

医師は、高い能力と技術を要求される代わりに、尊敬され高収入を得る。「楽をして、いい思いをしているな」と、実情を知らない人にやっかまれることがあるかもしれない。しかしいざパンデミックだとなると、わが身を賭して、家族まで危険と不便にさらして、第一線で働き続ける。重症患者の多くは、他の病気も持っているような、か弱き高齢者だったり、日常の生活環境が劣悪で、自分の健康を管理する工夫に欠けるとも見える貧者だったりするが、「弱者のために高給取りの私が不眠不休で働くのはバカげている」などとは一切考えず、「尊敬に値する仕事とはここで頑張ることだ」と肝に銘じる。もちろん、医師という職務を持続させることが最大の社会貢献であるから、医師自身の健康を守ることは最優先で考える。

皆さん、どう読んでくれただろうか。「地位に差はある。経済的にも差はある。でもその差の有利な側にいる者は、不利な側にいる者を向上させることに常に関心を払う」……これが、ロールズ正義論の「自由優先だが格差縮小方針もある」という姿かな、と私は考えている。

# 第9章　ノージックの正義論

## 1　リベラリズムを批判するリバタリアニズム

### (1)リベラリズムの「理想的正義」

まずロールズの「正義の二原理」を再度、少し圧縮して掲げよう。

第一原理：平等な自由の原理
　基本的自由は、平等に分配されるべき。
第二原理の第一項：公正な機会均等の原理
　社会的・経済的不平等は、全員にチャンスがあったうえでの結果に限定されるべき。
第二原理の第二項：格差原理
　「最も恵まれない人々」の境遇ができるだけ向上するように配慮すべき。

改めて見ると、ロールズは自由主義者すなわちリベラリストであることがわかる。ロールズ正義論の要点を前章でこう表現した。「自由競争社会の効率性と生産性は認めるので、社会主義的な単純な平等は主張しないが、過度の格差を是正する方向に常に関心を向けるのが正義である」と。

「第一」は「第二」に優先する。まず最優先は自由である。地位の差、金銭的収入の差ができることも認める。しかしそれは、公正な自由競争の結果としての差であらねばならない。そしてその差が、「最も恵まれない人々」を助ける役に立つ方向で機能することを、ロールズは求める。ちなみに、この「恵まれない」の原語はdisadvantageだから、翻訳書や研究書によっては「最も不利な人々」「最も不遇な人々」などと書かれている。

すると、累進課税制度は大いに推奨し、税制優遇措置をとる機会があれば富者優遇よりも貧者優遇をまず考えることになる。公務員や医師といった、金銭的に安定し尊敬されやすい地位にある人は、「恵まれない人」がその不遇ゆえに危機にあれば、率先して助けることが求められる。

このように読むとロールズ正義論は、人にやさしい「理想」でありこれぞ「正義」だ、と一見思える。

## (2)「理想」に噛みつくリバタリアン

さて、右記のロールズ的「理想」に対して、ノージックに代表されるリバタリアンたちは、「それを正義と呼んではいけない」と噛みつくのである。人道主義的と見える理想に噛みつくのだから、「リバタリアンは非道だ、非情だ」と見えるのだが、彼らの説をよく読んでみると、「それも一理ある」となりそうな面がある。

リバタリアンの代表者ノージックの言を受けて、おおざっぱにまとめなおすと以下の①〜④のようになる。

①自由主義なら本当に自由のみに徹底せよ。自分の創意工夫と努力で商品開発し、それが売れに売れて莫大な利益を手に入れたとき、利益の半分を国税として国庫に収めよと命ずるのは、国による「窃盗」である。私の財産は私のものだ。強制没収は財産権への侵害である。

②「そうは言っても公共のためにおカネを出し合いましょうよ」と言ってくるが、その「公共」がおせっかいだ。町に道路や水道設備が必要なら、カネを持つ仲間と自主的に話し合って造ろう。年金制度や

保険制度？　いらない！　働けなくなったり病気になったりしたら、自分の貯金でまかなおう。あるいは仲間と出資し合って保険会社や年金機構を自主的に立ち上げよう。すでに民間保険会社があるならその中から加入先を自分で決めよう。自分の意思と違うところで国が制度を押しつけるのは自由に反する。警察？いらないかもしれない。ガードマンを雇うか、自警団を設立することで済ませる方法を、まずは検討する。一部は国家的事業だと認める可能性もあるがね。

③「恵まれない人のためには一切カネを出さない気か」と言われたらこう答える。基本的にはその人たちは自由競争に敗れた敗者だから、助ける義務はこちらにはない。しかし気の毒だとは思うから、寄付金は出すし、ボランティア団体設立資金も出そう。財を成して引退する時期が来たら、我が子に半分は残してやるが、半分は「子ども食堂」や「あしなが育成奨学金」に財を差し出す覚悟もあるよ。ただし、これらは全て「自由意志」としてだ。自由だからこそ助け合いも美しいのだよ。

④このように、自由を前提として自主的な公共精神も育んでこそ、敬意ある共同体がつくれるのだ。こういう発想こそが「正義」なのだ。初めから「平等も同時に」「弱者救済も同時に」と主張すると、自由闊達な豊かさは形成されないのだよ。

### (3) リバタリアニズムの中の「右派」「中道」「左派」

リバタリアニズム（自由至上主義）そのものが現代思想においては「右派」なのだが、その中でも「右派」「中道」「左派」がある。そしてノージックは、この中では「中道」に位置づけられる。だからこそ「リバタリアン代表」と呼ばれる。

リバタリアニズム右派（リベラリズムから見ると最も遠い派）は、公共的なものを一切拒否して個人の自由のみで押し通す流派である。「無政府資本主義」の流派と呼ばれる。

政府による福祉制度はもちろん認めない。それどころか、公共設備、裁判所、防衛組織（警察や軍隊）など、国（政府）が担うべきと考えやすいもの全てを認めない。保険会社のみならず、法制度判定会社、警備会社など、全て「市場」で提供されうる、とするのである。政府がやるよりも市場に任せたほうがサービス向上、コスト削減になる、と考えるのだ。

リバタリアニズム中道は、「最小国家論」を唱える流派である。ノージックがこの立場である。国家の機能を最小限にして、「小さな政府」を「最も小さな政府」にするのである。

先ほどの「無政府資本主義」だと「国家ゼロ」であったが、こちらは「最小国家」はあるにはある、という立場をとる。防衛組織（つまり軍隊。日本では「自衛隊」だが、「日本の自衛隊は軍隊ではない」と思ってくれている諸外国は皆無だろう）、治安組織（警察）、司法組織（検察庁や裁判所）は、さすがに必要最小限の国家機能だと認める。しかしそれ以上の機能、例えば福祉行政などを持ち始めると政府が肥大化するからダメだ、というのがこの中道路線である。

リバタリアニズム左派は、「古典的自由主義」と呼ばれる流派である。貨幣の鋳造・流通など、公共財の作成・制度化をある程度は国家事業だと認め、福祉行政も国策としてありうると認める。いわば「小さな政府」をほどよく小さなままにしておく、ということである。

個人の自由が最大目標だから、国家による強制は最小限にして、個人の私的領域（例えば私有財産）を守るために必要なら国家が介入することはあるが、私的領域を侵害してはならない、と考えるのである。こうなると、「右派」と「中道」よりは、「やや大きな政府」を認めそうなリベラリズムに近づく。研究者によっては、リバタリアニズムとリベラリズムの溝よりも、リバタリアニズム内の「右派」「中道」と、「左派」との溝のほうが深い、と見なす者もいる。

以上、リバタリアニズム内の「右派」「中道」「左派」と紹介してきた。多くの論者の意見では、「右派」は極端すぎて現存国家に当てはめて語ることはできないし、近未来国家の理想だとも思えない。他方の「左派」（リベラリズムに一番近い流派）は、「ある程度は認める国家事業」の「程度」を広げれば、限りなくリベラリズムに近づく。よって、本書では、リベラリズムとリバタリアニズムを区別しながら理解を深めるために、「中道」をリバタリアニズムの代表と見立て、その中心人物ノージックの正義論哲学を、詳しく見ていくことにしよう。

## 2　ノージック正義論の哲学

### (1) ノージックの自然状態、社会状態、国家

先ほどの1の(2)で、「おおざっぱにまとめなおすと……」とすでに語った。もう少し丁寧に語ろう。

ロバート・ノージック（一九三八―二〇〇二）は、アメリカの哲学者で、ハーバード大学の教授としてはロールズの年下の同僚になる。同じ職場で、まさにライバル哲学者となったわけである。ロールズ『正義論』発刊の三年後、一九七四年に出した主著『アナーキー・国家・ユートピア』によって、リバタリアニズムの代表的思想家とされた。

ロールズだと、近代啓蒙思想家たちが唱えた社会契約という考え方を復活させながら修正し、「無知のヴェール」という概念装置を置いて、「知らないままにこの世に生まれるとしたら、マキシミン・ルールで、最悪の境遇に生まれてもその最悪さ加減が一番マシな世に生まれたいと思うだろう」と推論した。

ノージックは、この論脈で早くもロールズを批判する。こう言うのだ。

社会状態（国家、政府がある状態）の前に自然状態（本能のままの人間の集合体）を想定することは認めよう。そして私ノージックは、近世思想家ロックの言う「ある程度は理性的で平等だが所有権が不安定な状態」として、自然状態を想定する。しかし私は、そこから社会契約で国家に移行するという説をとらない。むしろアダム・スミスの言う「市場で（神の）見えざる手によって調和していく」という考え方に立ち、不安定な自然状態から人間たちがやり取りを重ねてだんだん社会を落ち着かせ、結果的に国家らしきものになる、と見る。つまり国家とは、社会契約に基づいて構成するのではなく、やり取りの中で自然発生的に帰結するあり方なのだ。

このように、「契約で構成するのが社会あるいは国家」ではなく、「諸個人がやり取りを重ねて落ち着かせたのが社会あるいは国家」である、とノージックは考える。

## (2)「無知のヴェール」への批判

そして、ロールズが「安定のための契約」の代わりに置いた「無知のヴェール」にも、ノージックは批判を加える。こう言うのだ。

「無知」だと？ 自分がどんな社会に生まれるか、貧富差の大きい世に生まれるか、小さい世に生まれるかについて、そしてその世の中のどの境遇の家に生まれるかについては「無知」だとするのだね。それでいて、世界には貧富差の大きい世も小さい世もあって富者家庭も貧者家庭もあるということは知っていて、どれがよいかの判断知識もあるとするのだね。そんな「都合のよい無知と知の状態」などあるのか。ロールズ先輩の「無知と知」の想定は、自分の答えに持ち込むための都合のよすぎる想定であって、客観的な推論になっていない。

それでは、社会契約的な考え方、契約の代わりに無知のヴェールを置いた考え方「ではない」社会とは？　国家とは？　それについてのノージックの答えはこうである。

私ノージックは、社会契約説は採らないが、ホッブズやロックが言う「所有権の保障」は重視する。自分で労働投下して獲得した土地を守ることは、「自由・生命・財産の所有」というロック論を支持する私にとって当然だ。しかし、この土地財産を奪いにくる無法者がいるかもしれないし、次の開拓地を得る過程で隣人と競合するかもしれない。そこで財産に関する権利を保護するために、諸個人が相互の権利を守るための「保護協会」を設立しよう。この権利保護協会は、いわば警備会社と保険会社を兼ねるような組織で、自主的に設立されるからあちこちに複数できる。しかし「市場」の自由競争によって淘汰され、支配的な保護協会が出現する。この大きな一つの保護協会が、まさに「国家」なのだ。領域内のメンバーの権利を保護するし、協会に加入しないという自由を行使した者が財産被害に遭ったら補償してあげる機能ももたせておこう。自主的合意でつくる協会だから、カネや労力の供出は必要最小限でよい。この保護協会こそが「最小国家」なのだ。

つまり、ノージックにとって国家とは、天から降ってくるものでもなければ契約してヨッコラショッとつくるものでもなく、自由な人々が自主的に必要最小限につくる保護協会の自然成長体なのであって、まさに必要最小限であるから「最小国家」で十分なのだ。

### (3) 国家が「最小」であることの「正義」

なぜ、国家が「最小」にとどまることこそが「正義」なのか。ノージックはこう言う。

ロールズ先輩の「格差原理」の発想だと、しばしば財産を再分配する福祉政策を行うことになりそうだ。累進課税は強化されそうだし、相続税は高く設定されそうだ。いわば「国家が大きくなる」のだろう。しかし私ノージックに言わせれば、この再分配はある人々の所有権を侵害して、彼ら（富者）を他の人々（貧者）のために利用することになる。ロック以来の所有権の正義を信じている私としては、人間が自由に生命と身体を駆使して労働して取得した財産に関する権利は、侵害されてはならない。自由労働によって財産を取得することは正義であり、自分の意思で取得物を移転する（他者と交換するとか子孫に贈与するとか）ことは正義であり、もし不正義が行われたら（財産を侵害されたら）矯正することは正義である。「自由・生命・財産の権利」、「取得・移転・矯正の正義」、これこそが私ノージックの正義論哲学であり、国家論としては「最小国家」を提唱する。

要するにノージックは、政府はひどい不正のみを規制する最小国家にとどまるべきであり、自由なやり取りこそが正義である、と結論づけるのである。そして、ロールズのような、ある種の福祉導入的なリベラリズムを真っ向から批判し、再分配のような結果調整は自由の侵害になるからすべきではない、と言うのである。

ノージックとロールズは、共に二〇〇二年に亡くなったが、現代アメリカにも大きな影響を残している。アメリカ二大政党で言うと、ノージックの自由至上主義は、「小さな政府」を目ざす共和党（歴代大統領は、レーガンやブッシュ親子や二〇二〇年までのトランプ）に近く、ロールズの社会民主主義的な自由主義は、「やや大きな政府」を目ざす民主党（歴代大統領は、クリントンやオバマや二〇二一年からのバイデン）に近い、と言える。

## 3　ノージック以外のリバタリアン、ロールズ以外のリベラリスト

### ⑴ リバタリアン、ハーサニー

哲学者だけでなく経済学者まで論者を広げると、リバタリアニズム支持者は何人も目につく。アメリカでノーベル経済学賞クラスの働きをした人には、リバタリアンが多い。一人だけ挙げておこう。

ジョン・チャールズ・ハーサニー（一九二〇—二〇〇〇）は、ハンガリー出身であるがアメリカで活躍した経済学者で、一九九四年にノーベル経済学賞を受賞した。彼は、ロールズを批判して、ロールズが切り捨てた功利主義をこそ擁護する。「最大多数の最大幸福」が功利主義のスローガンである。ハーサニーはこう言う。

ロールズは要するに「最も不利な立場でもそこそこ暮らせるように」と言いたいらしいのだが、この発想は原理としては使えない。「最も不利」だとか「そこそこの暮らし」が見極められず、そこへの救済策も原理的に立てにくいからだ。それよりむしろ、平均効用最大化原理のほうが、合理的ではっきりしてい

る。つまり人間は、「最底辺をよりマシにする」策は取りにくく、「要は総量を増やして平均値を上げればいいのだよ」と言われたほうがわかりやすいのだ。

ハーサニーの言うように、経済的合理性とはそういうものかもしれない。思い出すのは、二〇二〇年のコロナ禍での「大幅収入減世帯への三〇万円給付案から、全個人への一〇万円給付案への変更」である。収入減の人の実態をつかんで給付の基準を定めて対象者を公平に認定するのは手間がかかる。とにかく全員に一〇万円、としたほうがわかりやすいのはたしかだろう。

ロールズの正義論哲学、特に格差原理（すなわち格差をなるべく縮小しようという方針）は、経済合理性を追求する経済学者にはよく批判される。他方、哲学者や社会学者にはロールズ支持者のほうが多い。では、経済学者でありながらロールズを支持する側にいる人物は？　と問われれば、センの名を挙げることができる。

### (2) リベラリスト、セン

アマルティア・セン（一九三三―）は、インド出身で、アメリカなどで今も活躍している経済学者である。彼自身は「ロールズを批判する」と言っているのだが、その内容はリバタリアン的なものでは全くなくて、客観的に見れば、批判というよりロールズを擁護し、ロールズの主張をリベラルな立場からより緻密にして強化するものだと評価できる。経済学の中でも「厚生経済学」（すなわち福祉の経済学）の専門家で、一九九八年にノーベル経済学賞を受賞した。厚生経済学という分野でノーベル賞を受けたのは彼が初めてである。センはこう言う。

ロールズの「最も不利な人々」への配慮を支持し、分配を重視する哲学を支持する。ただしロールズは、たんなる物量的な分配だけを想定しているように見える。より福祉的な視点を持つならば、障害者などの「生き方の幅」や「多様性」に着目すべきである。私センは、たんなる「アビリティ＝能力」よりも「ケイパビリティ＝潜在能力」をキーワードとしたい。例えば、交通弱者に分配を、と考えたとき、一人一台自転車を配ろう、と立案するかもしれない。しかし、普段から車椅子で生活している人には自転車は不適切だろう。多様な人々がそれぞれの潜在能力を発揮できるようにする配慮とは何かを考慮して、分配策も考えるようにしよう。

センは、元々がインド出身であるから、階級差別や貧困問題に敏感な人だ。彼の著作には筆者徳永も多くの示唆を与えられている。もはや高齢だが、もう少し、彼の著作を読みたいなと思っている人は多いだろう。

# 第10章　正義論からケア倫理へ

## 1　ケア倫理とは何か

### (1) ケアをめぐる倫理の議論

ケア（care）という言葉は「世話」「気遣い」「看護」などと訳され、看護師の看護や介護士の介護もケアの一種である。最近はこのカタカナ語のまま「ケア」と表記し、看護や介護に限定しない広い意味で使われることが増えた。

先に「ケア倫理」という四文字語句についてお断りしておこう。この章からあと紹介していくギリガンなどの議論は「ケアの倫理」あるいは「ケアの倫理学」と助詞「の」を挟むのが一般的である。ただ本書では、例えばギリガン論の研究を「ケアの倫理の研究」と表記すると「ケアに関する倫理的研究」とも読めてしまうので、「ケアの倫理」をまとまった哲学的名辞として示すために、あえて「ケア倫理」と固めて表記することにする。

さて、「ケアの倫理」という言葉を初めて聞いた人は多分、「世話をするときに相手に対して（多くは弱者に対して）上手に面倒を見るための、相手を傷つけることのないように注意するための、人間的な心がけ」を一般的に指す〈普通名詞〉だと思うことだろう。看護師は病者に対して倫理的心がけが求められ、大人は子どもに対して倫理的心がけが求められ、それらが一般的な「ケアの倫理」だと思うだろう。

しかし、この哲学の書物で取り上げるのは、いわば〈固有名詞〉としての「ケアの倫理」で、先にお断りした通り「ケア倫理」と表記する。つまり、現代哲学の最近の特別な流派・分野・主義としてのものを語ろうとしている。

正義論が、広くは古代のソクラテス、プラトン、アリストテレスからずっとあったとはいえ、現代のロールズとノージックの論争を中心とする「正義論」として特別な固有名詞的意味を持つように、「ケア倫理」を現代哲学の書物の中で紹介する場合、固有名詞的な特別なものを指す。そして、「正義論」を講じたなら次は「ケア倫理」を講じる、というのは、現代哲学としては十分ありうるメニューだということになる。

まずは現代哲学としての「ケア倫理」を、暫定的に定義しておこう。

「ケア倫理とは、ギリガンの『もうひとつの声』（一九八二）とノディングスの『ケアリング』（一九八四）を始まりとする新しい哲学の潮流のことで、現代の正義論への批判あるいは修正的補完として、また、男性原理の哲学に対置する女性原理の哲学として、ケアしケアされる人間関係を軸に語る人間哲学である」。

とりあえずこう定義しておいて、ギリガンとは何者か、ノディングスとは何者かについては、第11章と第12章でじっくり語ろう。

## (2) 正義論への批判としてのケア倫理

今の暫定的定義で、「正義論への批判あるいは修正的補完」と書いた。前章までで見たように、ロールズの『正義論』（一九七一）とノージックの『アナーキー・国家・ユートピア』（一九七四）に代表される現代正義論論争は、一九七〇年代から今日に至るまで哲学の、さらには政治学・経済学の、主要なテーマであった。その一〇年後あたりから語られ始めたケア倫理は、正義論でのロールズ派かノージック派かといった哲学論争の全体に対するアンチテーゼとして登場した。とりあえず簡単に言うと、次の二点においてケア倫理は、正義論への批判でありアンチテーゼであった。

第一点の批判はこうだ。

ロールズのように恵まれない人への配慮を考えるのが正義だと言うにせよ、ノージックのように自己所有を守る自由に徹するのが正義だと言うにせよ、正義論は「自立していて自律できる主体」のあり方を前提にしている。つまり、「独立した個人」の正しいあり方を語れば哲学になると思っている。しかし、それは強者の理屈でしかなく、人間の実情にも理想にも合っていない。本来、人間とは「相互依存的」である。「頼ったり頼られたりする人間」をきちんと見て、その関係性にこそ人間の真の哲学を見出すべきではないか。

第二点の批判はこうだ。

「自立・自律の主体」が交換や分配の正義を考える、例えば市場取引ビジネスで行動する、としたとき、そこで想定されている人間は暗黙の了解として「男性」である。「男性主人公」が政治や経済を取り仕切り昼間仕事をして夜に家に帰ると、例えば専業主婦をしている女性が炊事・洗濯などでその男性のお世話をする。この女性は「日陰の身」なのか。この「お世話」はアンペイドワーク（賃金を支払われない労働）でよいのか。むしろこの男性のほうが女性に依存しっぱなしなのではないか。正義論が「男性原理の哲学」で埋め尽くされるのなら、ケア倫理を「女性原理の哲学」として、依存関係を正面から扱う人間の哲学として打ち立てる必要がある。

## (3) 現代哲学としてのケア倫理

ロールズもノージックも、そしてハーサニーもセンも、その他の正義論の主な論者も、全て男性である。そして、先ほどケア倫理の暫定的定義で名前だけ挙げたギリガンとノディングスは、二人とも女性である。これから紹介するケア倫理の論者が全て女性だというわけではないが、女性の哲学者（あるいは教育学者）がけっこう出てくる。やはり、ギリガンとノディングスが風穴を開けたことで、「そう。私もそれが言いたかった」と叫ぶ女性がたくさん出てきたのである。二〇一九年あたりからの「Me Too 運動」の先駆けが、一九八〇年代の女性たちにもあったと言えよう。

創成者ギリガンの主著の原題は“In a Different Voice：Psychological Theory and Women's Development”である。直訳すれば『別の声において――心理学的理論と女性の発達』となるが、アメリカでの大評判を受けて一九八六年に邦訳された書では、『もうひとつの声――男女の道徳観のちがいと女性のアイデンティティ』と名付けられた。副題がかなり意訳されているが、この邦訳副題はたしかに内容をよく物語っている。主たる題名のほうは「もうひとつ＝different」がキーワードだ。正義論ではない「もうひとつ」、男性原理ではない「もうひとつ」を訴えていると言える。

日本にもアメリカにも、「男性が外に出て働き女性が家にいて家事や男性の世話をする」というステレオタイプのイメージは、二〇世紀末まで（ひょっとしたら今も）根深く存在していた。フェミニズム（女性解放論）なら、「女性も外に働きに出て当然だ」となるのだが、ケア倫理が言いたいのはそういう男女同権論ではなくて、次のような考えである。

「女性の家事労働も立派な労働であり、そこに外から帰ってくる男性は依存している。ならば主婦業を男女半々にしてもいいし、女性が外で男性が内となってもいい。どれも相互依存であり相互協力なのだ。相手と依存しあうことが真実であり、ケアしケアされる関係性に人間哲学の核心はあるのだ」。

つまり、正義論的な世界に女性も社会進出せよ、と言いたいのではなく、正義論的な世界観は真実世界の半分しか語っていないからケア倫理の世界観をもってして真実世界を包括的に語れ、と言いたいのがケア倫理なのだ。

今フェミニズムに言及したが、フェミニスト（女性解放論者。男女同権論者。女性にも男性にもフェミニストはいる）たちから見て、ケア倫理は「諸刃の剣」となる。女性の労働とか女性的な（女性が担ってきた）お世話などの営みに光を当てるという面では、フェミニストはケア倫理を好意的に受け止めるのだが、その「女性的」であることが「女性はやっぱり世話好きでそちらに向いている」というレッテル貼りになりかねないという面では、批判することになる。

生命倫理の文脈になぞらえれば、「世話焼きのプロフェッショナルである看護師は女性向きで、体力も技術も頭脳もいる医師はやっぱり男性向きだ」という古い言い分を、ケア倫理は是認してしまうのではないか、という批判が上がる。もちろん、ケア倫理を主張する人たちは「そんな批判はお門違いだ」と反論するのだが、一九八〇年代以降のケア倫理をめぐる論争において、「ケア倫理とフェミニズムは対立するか」はそれなりの重みを持つテーマであり続けている。

## 2　先行者メイヤロフのケア倫理

### (1) ギリガン、ノディングスの先行者として

現代哲学としての「ケアの倫理」の創成者はギリガンであり、そしてすぐあとのノディングス（邦訳書によっては〝ノディングズ〟と、〝ス〟に濁点をつけるものもある）なのだが、その前触れ的な先行者として、メイヤロフ（この哲学者は男性）を挙げることができる。ギリガンやノディングスのケア倫理でも使われるキーワードがたくさん登場するので、ここではメイヤロフの話をしておこう。

ミルトン・メイヤロフ（一九二五－七九）が「ケア」をテーマに取り上げたのは、一九六五年の論文と一九七一年の著書で、どちらも題名は“On Caring”である。この七一年著書が『ケアの本質』という題名で八七年に邦訳され、ここに六五年論文も付録として収録されている。

## (2) 一九六五年論文「ケアの本質」でのメイヤロフ

六五年論文ですでにメイヤロフは、ケアリング（ケアすること）を探求する価値のある分野だと語り、ケアリングの「特質」を一四挙げている。それは以下の一四である。

一　差異の中の同一性　　二　価値あるものとしての他者の経験
三　他者の成長の援助　　四　関与と受容　　五　献身
六　他者の永続性　　七　ケアリングでの自己実現　　八　忍耐
九　結果より過程の優位　　一〇　信頼　　一一　謙虚さ
一二　希望　　一三　勇気　　一四　責任における自由

一の補足。ケア相手と自分とが、差異がありながら一体感の中にもある、ということ。

二の補足。自分の価値でなく、ケア相手の価値を自分の中で感じ取る、ということ。

三の補足。ケア相手が成長することが第一義で、それを自分が助ける、ということ。

四の補足。自分がケア相手を変えようと関わるのでなく、相手を受け入れるように関わる、ということ。

五の補足。自分の利益でなくケア相手の利益となるように身をささげる、ということ。

六の補足。ケア相手の長期的持続に役立つケアをする、ということ。

七の補足。自分の自己実現のために相手にケアするのではなく、相手が自己実現するのを援助する中で自分の自己実現も結果としてついてくる、ということ。

八の補足。性急なおせっかいはしないで、ケア相手の変容・成長を、忍耐力をもって待つ、ということ。

九の補足。最終結果を先に期待するのでなく、ケア相手の成長プロセスをこそ大切にする、ということ。

一〇の補足。ケア相手とじっくり関わることで、相互に信頼が生まれる、ということ。

一一の補足。してあげているという優越感は持たず、させていただいて自分も喜びを感じるという謙虚な気持ちを持つ、ということ。

一二の補足。ケア相手に希望を持ってもらい、そうなることが自分の希望でもある、ということ。

一三の補足。ときに勇気をもってケア相手と向き合い、相手にも勇気を湧き立たせる、ということ。

一四の補足。ケア相手に援助することには責任が伴うが、その責任感が縛りになるようにはせず、自由な人間どうしの自由な関係で責任も果たす、ということ。


筆者徳永が、前述の一四の中で特に着目するのは「七　ケアリングでの自己実現」である。ケア活動は、ついつい「する側」の「してあげている」という感覚が甘美な自己陶酔になってしまい、自分の自己実現（とすら本当は言えないのだが）が主目的となって、ケア相手をそのために利用する形になる危険性がある。あくまで主目的は、ケア相手が成長して自己実現にたどり着くことである。そのプロセスに付き合えた自分もうれしくなるし役に立てた満足感もある、という副次的な収穫として、自分の側の自己実現もあとからついてくるかもしれない、ということなのだ。

メイヤロフの人間哲学は、「ケアされる者」が主座にいて、「ケアする者」が傍らにいて、「ケア関係」が良質なものとして結べていることを理想としている。メイヤロフ自身は男性だから、念頭に置いているのは「我が子に父親がケアすること」の理想像である。ただ、一九六五年という時代背景を考えれば、親子関係のみならず、師弟関係や医療者患者関係なども視野に入っていたと思われる。

### (3) 一九七一年著書『ケアの本質』でのメイヤロフ

六五年論文でメイヤロフ理論のエッセンスは出ているのだが、今度はより大部な七一年著書に依拠して、メイヤロフの言明の重要なものを挙げよう。徳永なりにまとめなおして、いくつか挙げる。

・他者をケアすることは、その人の成長と自己実現を援助することである。
・私は、その人を私自身の延長として、つまりその人の成長を私の幸福感と結びついているものとして経験する。
・私は、その人の成長に必要とされていると感じ、その人の成長が持つ方向に導かれて、要求への献身をもって応答する。
・人は、ケアリングで特定の他者に役立つことで、自身の生活の真の意味を生きる。
・人は、支配や評価をすることではなく、ケアしケアされることで、心を安んじる。
・ケアリングとは、これを通して諸価値と諸活動が形成されていくような、包括的で総合的な営みである。
・ケアリングでは、私は他者を知り、他者と共に経験する。私が教師ならば、生徒自身の権利において彼らを経験する。明白知と暗黙知、命題知と方法知、直接知と間接知、これら全ての知は、彼らの成長を援助する仕方で関係している。

どうやらメイヤロフは、ケアする人が「与える側」でケアされる人が「受け取る側」という一方的な関係を脱却し、両者ともが生きる意味や安心感、満足感を得ることを目ざしているようだ。そして、知恵や知識が仮にケアする側に多く持たれているとしても、その活用は援助のために包括的にケアリングの文脈に置かれる、と考えているようだ。

このように、メイヤロフのケアリングの哲学・倫理は、例えばロールズの格差原理のような、何か特別な原理原則を提唱するものではないのだが、ケアによる両者ともの自己実現など、「ケアが行われる場」の存在意義を説いているように思われる。この着想が後には、ギリガンやノディングスによって「ケア倫理」として理論化されていくのである。

## 3　教育哲学者デューイのプラグマティズム的なケア倫理

### (1)　教育的ケアリングの試行者デューイ

ジョン・デューイ（一八五九―一九五二）については、本書第3章で、パース、ジェイムズを継承するプラグマティズム哲学者として紹介した。デューイは実用・実践のプラグマティズムを教育学に応用し、「道具主義」という教育方法の理論を構築し、学校現場でも実験的に実践した。今で言うアクティブラーニングの元祖と言える。

このデューイをケア倫理から振り返って考察すると、彼も「教育的ケアリング」を語っていたことがわかり、ある意味ではケア倫理の種をまいていた人と評価できる。彼の著書、『学校と社会』（一八九九）と『民主主義と教育』（一九一六）に、その片鱗を探し出すことができる。

## ⑵ デューイの『学校と社会』

『学校と社会』でデューイが、教育におけるケアリングを語っていると理解できる部分を、徳永なりにまとめると以下のようになる。

・生徒に「自分自身へのケアリング」を意識させる。疑問を発することも衝動から何かを表現することも、自己解放的に積極的に行わせる。想像、観察、実験、思考、創作など、能動的な探求を促す。
・身近な他者へのケアリングを奨励する。年長の子が年少の子の面倒を見るように、促してみる。他の教師ともふれあわせ、他の子への援助をさせる。協力、連帯、共感、自由なコミュニケーションを経験させる。
・遠い他者へ思いをはせるというのもケアリングである。社会科教科書で農業や漁業や歴史のことを学ぶというよりも、給食の食材に着目させたり、今の便利な生活の昔の姿を想像させたりすることで、その向こうにいる人々への思いを持つように仕向ける。
・動植物や自然環境へのケアリングを経験させ考えさせる。自然にじかに触れさせる。短い時間でも動植物の世話をさせ、目の前で生まれた鶏卵を調理させてみる。
・道具の扱いもケアリングという発想で取り組ませる。ノコギリなどの工具を自分で選んで安全に使う方法を経験させる。自分でロウソクなどを作らせる。
・以上のような経験を通して、諸々の観念を、ケアリングという姿勢で頭に描き、知的に活用する方向に導く。世の中の仕組みがなぜそうなっているのかを、想像的に経験してわが身をもって考えさせ、議論させ、一人一人が引き受ける責任にまで思いが及ぶようにさせる。

次に、『民主主義と教育』でデューイが語っている教育哲学のうち、ケアリングの発想に近い部分を、徳永なりにまとめると以下のようになる。

### (3) デューイの『民主主義と教育』

・教育とは、経験の意味を増やし、その後の進路を方向づける能力を増やすような、経験の再構築と再組織のことである。つまり教育とは、経験の連続的な再構築である。
・知識を与える形での教育を数多くやってみても、実際に動物や植物とともに生活しケアリングに身を置くことで得られる知には、到底かなわない。
・年齢や学力の異なる子どもを混ぜておくと、上の者が下の者のケアを始める。こうすると責任を分担するという道徳を身につけるし、相互扶助に知的効果も生まれる。

以上のようにデューイは、知識を重視する主知主義ではなく、知恵を道具とすることで、しかもケアリングの文脈で生かす道具とすることで、教育にプラグマティックな「道具主義」をもたらしたのである。そして、本章のテーマであるケア倫理から照らし返すなら、デューイもまた、ケアしケアされることを人間関係の基本に置いた哲学者であり、ギリガンらの先行ランナーであるメイヤロフの、さらに前の先行ランナーである、と言えるのである。

# 第11章　創成者ギリガンのケア倫理

## 1　ギリガンとコールバーグ

### (1) 心理学者コールバーグの弟子として

前章で、ケア倫理の暫定的な定義としてこう述べた。

「ケア倫理とは、ギリガンの『もうひとつの声』(一九八二)とノディングスの『ケアリング』(一九八四)を始まりとする新しい哲学の潮流のことで、現代の正義論への批判あるいは修正的補完として、また、男性原理の哲学に対置する女性原理の哲学として、ケアしケアされる人間関係を軸に語る人間哲学である」。そして、ギリガンの先行者としてメイヤロフを挙げてその理論を紹介し、さらに前の人物として、プラグマティズム哲学者デューイもケア倫理を実質的に語り始めていたことを述べた。本章では、本格的なケア倫理創成者ギリガンの話をする。

キャロル・ギリガン(一九三七―)は、アメリカのニューヨーク生まれ。文学、臨床心理学、社会心理学を修め、ハーバード大学、ニューヨーク大学、ケンブリッジ大学で教鞭をとった。哲学そのものよりも心理学や教育学が専門と言える。夫のジェームズ・ギリガンは、医師であり研究者でもある。

キャロル・ギリガンは大学院生時代にハーバード大学で、教育心理学・発達心理学・道徳教育学の学者コールバーグ(男性)の指導を受けていたが、この師の道徳性発達段階論を批判したことが、ギリガンの心理学者・哲学倫理学者としての分岐点となる。

## (2) コールバーグの理論

コールバーグ(一九二七―八七)は、本書で論じてきた「現代正義論」の潮流にいる人物だと言える。ニューヨークに生まれ育ち、一九六八年からハーバード大学で教えた教育心理学者である。人間が理性的に自律して自立できる一人前の大人になることを道徳的正義だと信じ、子どもが心理的にどう成長して自立した大人になるかを研究した。一九七〇年代の諸論文と八五年の来日講演は、『道徳性の発達と道徳教育』(一九八七)にまとめられている。ここで彼は要するに、「子どもは次のような発達段階を経て道徳的に正しい大人になるのだ」という理論を提示しているのである。

まず、コールバーグの道徳性発達段階論を、簡略にまとめよう。彼は、三水準六段階(各水準の中に二段階を設けて三×二で六段階)の道徳性発達を語る。それは以下のように説明できる。

第一水準:外的な事柄、即物的な欲求に従属し、公平さを自己中心的に理解する。
　第一段階:服従すること、罰を逃れることを志向する。
　第二段階:素朴に自己中心的な欲求を志向する。
第二水準:役割遂行に目覚め、慣習的秩序や他者からの期待に合わせようとする。
　第三段階:〝よい子〟であることを志向する。
　第四段階:権威に従い社会秩序を守ることを志向する。
第三水準:共有される規範に従い、権利や義務を意識する。
　第五段階:契約を交わして守ること、遵法精神をもつことを志向する。

第六段階：良心の声を聴き、原理原則を見出すことを志向する。

コールバーグに言わせると、右記の三水準六段階の道徳性の発達は、周囲にある社会構造から摂取するというよりは、道徳的成長として自ら認知的に修得するものなのである。そして、普遍的な道徳としての原理、第六段階に見出される原理にたどり着くことが、最も高次の発達だとする。

### (3) 師コールバーグへの弟子ギリガンの反逆

コールバーグが提示した「子どもはこの六段階を経て道徳的に正しい大人になるのだ」という理論に対して、大学院生時代に弟子の立場にあったギリガンは、次のように批判する。

「それは、自立する者の正義を振りかざす理論であり、男性成人をモデルとすることを暗黙の了解としている。自立は人間特性の一側面に過ぎず、依存の関係性が人間特性の重要な別側面である。それにコールバーグは、〝男の子はこうやって発達し完成するのだ。女の子はそこまで行かないけれどね〟ということを暗に語っており、ジェンダーバイアス（社会的に作られた男女差を鵜呑みにする偏見）にとらわれている」と。

ギリガンの主張は“a Different Voice”＝『もうひとつの声』として提示されるわけだが、それは「自立した者の正義」に対する「もうひとつ」としての、「依存し依存される者どうしの支え合い」という価値観に基づいている。そしてまた、「男性的原理、男らしい成長」に対する「もうひとつ」の、「女性的原理、女らしい成熟」という価値観に基づいている。

コールバーグの六段階論で言うと、彼は「男性なら、第六段階の〝原理原則〟まで上りつめるのが当然だ。でも女性は、第三段階の〝よい子〟あたりにとどまりやすいし、またとどまっているのがちょうどよい」と見なしているようなのだ。この点もギリガンにとっては批判したくなる部分であった。彼女は、「女性を劣等な地位に置いている。女は道徳的成長も中途半端なのだと言っている。〝よい子〟という呼称がそもそも不適切だが、女性が〝役割遂行〟を考慮することや〝他者からの期待〟を考慮することは決して未熟な発達段階だからではない」と、コールバーグを批判するのである。

コールバーグ自身は一九八七年に死去するので、コールバーグ対ギリガン論争は数年で途切れる。ギリガンからの批判に対するコールバーグからの反論を、ここでは一点に限って語っておこう。コールバーグはこう反論する。「私は、女性が男性より本質的に劣っていると言っているわけではない。ただ、女性は歴史的に劣位に置かれ教育も受けられずに来たから、現状はこうなる。これから男女同権、男女平等教育が進めば、女性も〝第六段階の正義〟に到達するし、新しい平等社会はそんな女性を認めるだろう」。

それでも、この反論にギリガンは納得しない。彼女にしてみれば、「第三〜第六段階」を劣位から優位への発達と見なすことがおかしいのだ。女性にも依存の側面だけでなく自立の側面もあるし、市場ビジネスなどで自立して活躍しているように見える男性が、家に帰って妻である女性の家事のおかげで活躍のエネルギーを充填できるとすれば、男性が女性に依存しているとも言える。そして、女性が外で仕事をするのも当然で男性が家事や育児をするのも当然という時代になれば、「男性は自立が色濃く、女性は依存が色濃い」という図式すら成り立たなくなる。

## 2　ギリガンのケア倫理とそれへの批判

### (1)「ハインツのジレンマ」によるギリガンの説明

「ハインツのジレンマ」とは、ギリガンが編み出した話ではなく、最近の倫理学でよく使われる倫理的なジレンマ（あちらを立てればこちらが立たず、といった二律背反の苦境）の話で、こう提示される。

ハインツという名前の男がいて、妻が致命的な病気にかかっている。薬屋に治療薬はあるが、とても高価で貧しい彼には買えない。愛する妻の命を救うには、もはや薬を盗むしかないのではないか、とハインツは悩んでいる。さて、ハインツはどうすべきだと思うか。

この問いかけを、ギリガンは実際に一一歳のある男の子と女の子にした。そして男の子は、よくよく考えた末にこういう趣旨のことを述べた。

ハインツが薬を盗むことを是認する。ここでのジレンマは、財産か生命かという葛藤だ。法律的には財産権を侵害してはならないが、人間の命の価値はそれを上回る。この判断は論理として正しいだろう。よって、薬を盗んででも妻の命を助け、そのあと法的裁きを受けて罰に甘んじて服することが、選ぶべき道である。

他方、女の子のほうはこういう態度を見せた。

ひたすら戸惑う。論理的な答えなど出せない。盗んではいけないが妻を死なせるのもいけない。つながりをより密にして、責任と配慮と応答の人間関係を結べないだろうか。薬屋さんの思いやりをかき立てて代金出世払いを許してもらうとか。ハインツが薬を盗んで妻を今日助けたとしても、明日から投獄されて看病できなければ妻は衰えて死に至るかもしれないのだから。

「コールバーグ先生なら男の子の論理的な答えをよしとするのでしょうが、私ギリガンは女の子のこの戸惑いをそのまま受け止めたいのです」というのがギリガン流のケア倫理なのである。現実には、事態が切迫していれば、ハインツと薬屋が人間関係を深く結んで恩恵と恩返しの「ケア」を築く時間はないだろう。そして前述の女の子は、結局は答えを出せていない。それでもね、とギリガンは考えるのだ。現実に即決で何かの答えを出さざるを得ない場面はあるのだろう。それでも、「論理的に考えたらこれしかない」と権利論で語ってしまう（ここでは生存権は財産権より優先すると推論する）ことよりも、事態の文脈をじっくり考えること、例えば「盗んだあと投獄されて看病できなくなったら元も子もないし……」というところまで考えて「思いやりと責任」の倫理を試み続けることが、人間社会には大切なのではないか、ということなのだ。

### (2) ギリガンのケア倫理への評価

ギリガンのケア倫理（先行者メイヤロフの論も含めて）には、「相互依存」「援助する側と援助される側といった区分を超えた双方の自己実現」「応答責任」「思いやり」といった、ある種のうるわしい言葉がいろいろ出てくる。ただし、ロールズ正義論のような「自由で平等だが格差縮小も原理だ」とか、ノージック正義論のような「所有の自由を貫き通すのが原理だ」とかいった〝決めゼリフ〟が、ケア倫理には見当たらないのだ。「依存しあうのが人間。だから助け合いましょう」と言われて、反対はしないけれども、「依存が一方的になったらどうするのか」「援助することと甘やかすこととはどう線引きするのか」「援助する側の資力をどう蓄え、いつ誰に活用するのか」などと反問されたら、ケア倫理の側に指標となる原則は用意されていない。むしろ、固有の人間関係によってさまざまだから原則など用意できない、というのがケア倫理の立場なのだ。原則を語れないことで学問理論としてはもどかしさを感じさせる、というのがケア倫理の弱点なのかもしれない。ここまで問い詰めると、「ケア倫理はそもそも哲学理論なのか。たんなる精神修養論にすぎないのではないか」という意見も出てくる。

今、ケア倫理への、ある種ネガティブな問い詰めを語ったが、ポジティブに語ることも可能だ。先の「ハインツのジレンマ」にのっとって語ってみよう。あの一一歳の女の子の戸惑いに光明を見出す物語を、私徳永が「思いやり」をもって想像力を働かせれば、次のように紡ぎ出すことができる。

ハインツの妻が明日にも死ぬというほどには切迫していないとして、数日かけてハインツが薬屋に懇願し話し合った。背景として、ハインツの誠実な人格が世間に知られていた。薬屋が「応答責任」を感じて、薬代は一年後でもいいと言ってくれて、ハインツの妻は助かった。ハインツは妻の看病もあるので一年では無理だったが、一年半後には薬代全額を払い切れた。薬屋も、この人助けが近所で大評判となって繁盛し、周囲の信頼も得て充実感のある職業人生となった。

以上が、ケア倫理が「花開いた」姿の一例である。この姿があちらこちらに花開くなら、何が正義かという議論を超越した人間哲学を実現させる可能性がある。つまり、正義論を超越的に補完あるいは修正する哲学を、ケア倫理が語れる可能性があると言えるのである。

### (3) ギリガンのケア倫理への批判

ただし、ケア倫理の有効性を批判する人なら、さっきのポジティブなハインツ物語の後日談徳永バージョンを、次のように描きなおすかもしれない。ここも私徳永が、今度はちょっと「意地悪さ」をもって想像力を働かせることで、ネガティブに反転して描きなおしてみよう。次のようになる。

ハインツ夫妻がこうして助かったことを知った町の人々は、貧しさもあってこの薬屋に次々と、薬代の後払いを願い出るようになった。個別によく話し合って信頼関係を築くには時間と労力がかかりすぎるし、悪乗りと見える客を断るのは偏見だの不平等だのと非難されるから、薬屋は願い出には全て応じた。その結果、薬の仕入れ代金が枯渇した薬屋は倒産した。町としても唯一の薬屋を失って、普通の病気でも死ぬ人が増えてしまった。

以上のような可能性も想像して、つまりねえ、とケア倫理の批判者は言うのである。

「相互依存」が確実な「応答責任」で果たされ続けるには、とても労力と時間がかかるのだよ。そして、そこに関与する人々が全員「善人」で「努力家」であることが要求されるのだよ。「相互依存」「助け合い」は、結果的にうまく行く場面もあるだろうが、最初に助けますよと言ったり実行して見せたりすると、「悪乗り」「甘え」「依存しっぱなしで恩返ししない」となる人が生まれてくるものだ。ケア倫理は福祉の理念とも接合しやすく、福祉用語でもあるvulnerability（脆弱さ）と真剣に向き合おうと、ケア倫理の主張者はなさるのだろうね。心優しいとは思うけれど、「脆弱でいいよ。弱いところはお互いに支え合おう」と最初から言われると、人間は強くなる努力を忘れ、弱さのもたれ合いとなり、社会全体が政治経済的な体力を減退させ、結局は資力ある人か善意ある人が一方的に依存者を助けるばかりとなるものなのだよ。それは持続可能な営みではなく、やがて息切れするのだよ。

この批判者の発言は、徳永が「心を鬼にして」意地悪に想像力を働かせて書いたのだが、このページの読者の中には「意地悪じゃない。人間の裏の本当の顔を、少しだけ露骨に書いたにすぎない」と思う人もいるだろう。だから、リバタリアンのノージックならこう言うのである。「所有権の自由を最大限に尊重し、稼げる人には自由に思いっきり財産を増やしてもらい、最後に余裕をもって寄付金を出して弱者救済を自発的にやってもらう。これこそ、人助けが現実に機能する最も有効な姿だ」と。

あるいはまた、ノージックよりは穏当で良識的と評されるリベラリストのロールズならこう言うのである。「第一に自由。第二に平等。第三に格差縮小。平等な競争に勝って自由に腕前を振るえる地位にある人は、〝最も恵まれない人々〟の生活がよりマシになるような方向で、その腕前、政治経済力を発揮してくださいね」と。

このように、正義論の信奉者たちは、ケア倫理の主張を聞いても、「まあ、心がけとして聞いてはおこう。しかし私たちの正義論哲学を悔い改めるべきだとは思わないな」と言うのではないか。そう私は推測している。

## 3　「女性原理」としてのケア倫理

### (1)　ギリガンの「女性」「女の子」への評価

ギリガンだけがケア倫理の主張者ではない。最初の「言い出しっぺ」だから、まだ生煮えの部分、議論に穴のある部分、批判を招きやすい部分はある。だからこそ、ノディングスなどの後に続く論者の理論が大事になってくるのだが、本章ではギリガンに集中して、彼女の理論の特徴をもう一つ説明しよう。

ギリガンは自分の師であるコールバーグを批判したとき、「道徳性発達の六段階論で、男子は第六段階（原理原則発見）まで上りつめるが、女子は第三段階（よい子）にとどまるとして、女子を劣位に置いている」と語った。

また、「ハインツのジレンマ」において、「男子は論理的に生命を優先するという正義に到達するが、女子は戸惑い迷って人間関係の文脈に思いをはせる」と語った。

コールバーグが、ジェンダーバイアスの下にあって、男性モデルばかり想定していたのは確かなようだ。実際彼は、実験的に子どもの心理的発達を調べるとき、男子ばかりを被験者に選んだ。女子集団でも調べるとか、男子と女子と半数ずつにした集団で実験するといった発想はなかった。

さてギリガンは、六段階論を批判するとき、女子も第三段階でなく第六段階まで行けるはずだ、と言ったのではない。第二水準（その中に第三段階と第四段階がある）を象徴する「役割、他者からの期待」を考えることが劣位だとするのがおかしい、と言ったのである。周囲の人間関係から自分はどうすればよいのか、本当に良い意味での〝よい子〟とは何か、を考えることは、劣位の発達段階ではなく、女性の良き特長だと言ったのである。それこそが、男性原理で埋め尽くされやすい正義論とは別の人間哲学の重要な部分であり、そこにケア倫理があるのだ、と主張したわけである。

またギリガンは、ハインツのジレンマで女子が戸惑う場面を、論理がわからない、正義を見出せない劣等な状態だと見なすのではなく、女子ならではの人間関係への気遣いだと見なして、肯定的に評価してケア倫理の糸口とする。

以上のことから、ギリガン流のケア倫理を、次のように説明することができる。

私ギリガンは、男性的な正義論の哲学は真実世界の半分しか語れていないと見て、女性的なケア倫理という哲学で残り半分を補完して語るのだ。自立・自律の人間がすっくと立ちあがって正義を通すという姿は、それはそれでよい。しかし人間とは、一人で立ち上がる場面もあるが人に依存する場面もある。むしろ依存のほうが多いし、そのほうがある意味では人間らしい。理性をもって独立の主体となるのも人間ならば、感情にさいなまれて依存したり依存されたりするのもまた人間である。

私ギリガンはこう思う。人間は、弱点も抱えた者どうしとして、関係性の網の目の中で配慮したり配慮されたりして、葛藤しながら応答責任を果たそうとするものなのだ。この人間関係の筋道を「ケア倫理」と呼ぼう。そしてこの種の配慮は、女性の感受性が特長として生かせる場面だ。男性は正義で女性はケア、と役割を峻別するまでは言わないが、男性原理ばかりが暗黙の了解で哲学を覆い尽くしてきた状況に風穴を開けて、女性原理とも言いうるケアを人間哲学の重要な側面としよう。例えば、「医師は男性のみ、看護師は女性のみ」というのはもはや時代錯誤だが、看護の仕事に女性的な気配りを活用すること、看護師の倫理教育にケア倫理の言説を大いに取り入れることは、前向きに考えてよい。ついさっき「感情にさいなまれて依存したり…」と言ってしまったが、感情はあって当然で、感情があることを肯定的に受け入れあうこと、感情を上手に表現しあうこと、ここも含めてケアしケアされる関係が、人間どうしにはあってよいのだ。

以上のように、相互依存と相互配慮を、良い意味で女性の得意分野ととらえて（もちろん、男性はそんなことを一切しなくてよいという意味ではないが）、哲学の文脈に堂々と入れよう、というのが、ギリガンの「もうひとつの」提言なのである。

### (2) フェミニズムからのギリガン批判

ギリガンをわかりやすく説明するために、「感受性」「気配り」「看護」などのキーワードを、もっぱらギリガン流のケア倫理にあてがって語った。これがケア倫理の全てではないし、ギリガンもここまで単純なことばかりを言っているわけではないのだが、一応は単純明快にした説明が、以上のものなのである。

すると、この「女性の特長（良い意味での特徴）」「女性原理」という言葉で説明しうるギリガンの論は、フェミニストたちから強い「毀誉褒貶」を浴びせられることになる。称揚する「誉」と「褒」が三割、批判する「毀」と「貶」が七割、といったところだろうか。

まず称揚のほうから。「男は外、女は内」という因習的形態にとりあえず乗っかるとして、女の「内」すなわち家事や育児や老親介護は、アンペイドワークとされてきたが、実は立派な労働であり、「夫の給料の半分は妻が稼いだも同然」とも言える。ここは、ケアに光を当てたギリガンたちの功績でもある。家の外でも、看護師をはじめ女性が引き受けることの多い職業に対して、軽い評価で済まさず、「男の僕たちにはあそこまではできない。女性たちに感謝しよう」とはっきり言おう、となる。男女共同参画は、「男の仕事とされたものを女にもやってもらおう」だけではなく、「仕事とすら認識されていなかった女の営みを男も身をもって引き受け、その苦労を見習おう。そこに男女協力の倫理空間を作ろう」となるのである。以上の点では、女性の地位向上をうたうフェミニズムは高く評価するだろう。

しかし、この称揚は三割。残る七割はギリガン批判である。「感受性」「気配り」「看護」などが女性の「本性的な特長」と言えるかは、疑問の余地がある。むしろ、家父長主義的な男性優位伝統が歴史的に作り上げて女性に押しつけただけなのかもしれない。子を産むこと、授乳することは女性だけの営みだとしても、子育て全般は男性も半分背負うのが今日の考え方だろう。看護師は女性向きの仕事だと見るのも、そう見えるように仕事の色彩を作ってきたからであって、実は当たっていないかもしれない。かたや医師なら男性向きなのだろうか。数年前、いくつかの大学医学部が密かに、男性が合格しやすくなる入試をしていて、女性差別だと問題になった。「医師に女はいらない／少なめでよい」と今でも思っている人が多いのだろうか。

つまり、ギリガンの「ケアは女性の得意分野だ」と言っているかのような言説が、女性を家事や特定の「ケアワーク」に押し込め、男女同権運動を阻害している、とある種のフェミニストたちは批判するのである。ケアに光を当てているようでありながら、実は家父長主義伝統を追認する作用を、男性優位社会の抜本的変革を遅らせる作用を、ケア倫理は持ってしまっているのではないか、と考えるフェミニストは、一九八〇年代、九〇年代には多かったようだ。

他方で、こんな意見もある。「女性のほうが細やかな気配りができて、男性は女性にそれを期待する。女性だって、仕事でも子どもの教育でも、時に豪快に強引に突破口を開いてくれることを男性に期待する。これは、歴史的因習ではなくて、女性の本質、男性の本質に根ざした適切な役割分担である」と。

後の章でノディングスなども紹介して、ケア倫理の幅をもう少し広げて語るが、本章の時点では、ケア倫理が女性向き（女性専用とまでは言わないが）とされやすいこと、それには「良い特長をとらえている」という評価と「女性を新しい形で縛る理屈に使われる」という批判とがあること、ここまでの話としておこう。

# 第12章　継承者ノディングスのケア倫理

## 1　ノディングスの「男性／女性原理」

### (1) ギリガンからノディングスへ

現代哲学としてのケア倫理の先鞭をつけたのが、ギリガンの『もうひとつの声』(一九八二) である。それを受けて初期段階の体系化をなした人物、一応の初期完成者がノディングスで、その初期代表作が『ケアリング』(一九八四) だとされている。哲学史的な固有名辞としての「ケア倫理」を語るとき、ギリガンとノディングスの名前を挙げれば、哲学・倫理学を知る人には「ああ、あの文脈での二〇世紀末あたりの議論のことだね」と理解される。

ネル・ノディングス (一九二九―) は、アメリカに生まれ、ニュージャージー州 (ニューヨークの西隣) の州立大学教育学部を卒業して、小学校教師を皮切りに、高校の数学教師そして副校長、教育指導主事そしてカリキュラム開発者、といった実践家として経歴を積んだ。教育困難校での苦労・工夫も重ねた。家庭も築き、スタンフォード大学で博士号を取って、研究者に転じた。研究者といっても、スタンフォード大学で幼児教育担当の教授職になっているから、実践に近いところでの研究をしていることになる。

ギリガンが発達心理学をベースにケア倫理を語り始めたのに対して、ノディングスは教育学をベースにケア倫理を語り、ギリガンよりも包括的な分野で人間の成長と社会の包摂を説いた、と評価されている。

ノディングスもギリガンと同様に女性である。前章で、ケア倫理における女性原理のような側面、女性の仕事とされやすいケアワーク、という話をした。ケア倫理に対するそういった色彩をどう受容するか、あるいは否定して男女共通問題とするかは、ノディングスにもついて回る課題である。

## (2) ノディングスの「男性原理」「女性原理」融合

ギリガンには特に、女性ならではの感性や役割を肯定的に描く文脈が多かったので、「それでは哲学の普遍原則にならない」という正義論的な哲学者たちからの批判があり、「女性の伝統的な姿を固定し性差別を追認している」という男女同権論的なフェミニストたちからの批判があった。

このことをノディングスは意識しており、例えば主著『ケアリング』の序文で、次のように語っている。私徳永なりに要約して書こう。

倫理学すなわち道徳哲学は、論理必然的な原理原則を確立しようとしがちであった。つまり「父の言葉」で、公正・正義が議論されてきた。「母の声」は聞かれなかった。私ノディングスは、ケアしたりケアされたりの応答の基礎を倫理学として語りたい。従来の倫理学は、ロゴス（論理的言語）すなわち男性の精神に導かれてきたけれども、私はもっと自然で有力な取り組み方として、エロス（情動的希求）すなわち女性の精神を通して倫理学を語ろうと思う。世界の戦争や暴力の悲惨さは、男性的原理（殺人という原理例外規定も含めて）に由来した「父の態度」である。「母の取り組み方」ではない。

まずはここまで。これだけだと、ノディングスはギリガン同様、男性原理と女性原理を峻別しているように見える。しかし、その直後の文脈で、ノディングスはこう言っている。要約しよう。

この書『ケアリング』の見解は、全ての女性がそう考えており、男性はそう考えるのを拒否するという意味のものではない。男性がこういう見解に立ってもよい。古典的な意味では女性的だ、と言っているだけである。また、論理（ロジック）は、女性には縁遠い、女性には放棄されるべきだ、と言うつもりもない。私ノディングスは、男性と女性を隔てようとしているのではない。これまで隔ててきた断絶が大きかったことを示し、男性的なものと女性的なものの弁証法的な対話を狙いとしている。

このようにノディングスは、男性原理と女性原理がこれまであったことは認めつつも、これからは両者が対話し、弁証法的に（対立するものを高い次元に立って統合する形で）融合することを目ざしているのである。この『ケアリング』序文以外の文脈でも、従来は男性原理と見られたものを女性も担うように、女性原理と見られるものを積極的に評価して男性も担うように、という融合的両立を訴えている。例えば、ケアの営みとして「母親業(mothering)」を挙げるが、やがて男性も含めての「親業(parenting)」と呼ぶようになる。

## 2　ノディングスの「ケアの倫理」の特徴

### (1)「ケア」というより「ケアリング」

ノディングスの主著の名は『ケアリング』である。ここにはノディングスなりのこだわりがある。ギリガンのケア概念から教訓を得つつも、自らの教育実践も踏まえて、ケアという「行為」よりも「ケアしケアされる関係性」

に着目するのである。

ノディングスは実際に小学校、高校という教育現場にいたし、教師―生徒、親―子といった現実的人間関係での格闘を実践し、目の当たりにしている。彼女にとって、正義論などの哲学的原理論が空疎に見えたとすれば、それらの大上段の理論が、個別的で具体的な事柄に役立っていないと感じたからだと思われる。彼女は、教育のような具体的な人との出会いにおいて、助言や励まし、返答や反応といったやり取りの中で、実際にどんな配慮が有効で倫理にかなうかを検討する。この態度は、まさにプラグマティズムである。

教育の現場を想像すればわかる。同程度の学業成績の生徒が二人いるとして、褒めて成長を促す生徒もいれば、叱咤して反発心に期待する生徒もいるだろう。「僕、褒められて伸びるタイプなんです」などと自分から言ってくるような生徒であれば、本当に褒めるか、その言い方の甘えた根性にクギを刺すかは、相手によっても場面によっても違ってくる。教師が生徒を指導するのは、そういう配慮であり気配りであり、まさに「ケア」なのである。そして、「ケア行為」が棚に並んでいてどれかを選ぶ、ということではなく、教師と生徒の「関係性」の中で押したり引いたりをしながら、適度な信頼や良き応答を育んでいこうとするのが、現実であり実践である。だから、ケア「する／される」の営みこそが要諦であり、そこをノディングスは「ケア」よりも「ケアリング」という言葉で表現しようとしたのである。

## (2) ケアする人とケアされる人

ケア「する人」とケア「される人」、これも垂直的に固定されるわけではないのだが、とりあえずノディングスは、はっきり分けて描写する。彼女の論を徳永なりにまとめよう。

ケアする人に求められるのは、「受容性」であり「専心」である。「受容性」とは、ケアされる人のニーズを見て取って感情移入することだ。たんに同情するのではなく、もちろん説教がましい態度をとるのではは絶対になく、相手の気持ちになってここからどうするかに思いをはせることだ。そこから、他人事ではない一生懸命さとしての「専心」が生まれる。ケアする人の側の価値観で動くのではなく、ケアされる側の置かれた立場に接近して同化するのだ。ケアされる人のニーズから、行為の選び方を考えるのだ。そこで、ケアする人は自分の知的思考力を用い、感情の受容だけではない知的な働きかけをして、ケアされる人に新しい視野の持ち方や振る舞い方を呼び起こすのだ。

以上が、ノディングスの言う「ケアする人の倫理」であるが、「する側」だけに倫理を求めるのは一方的であり、ある種の「搾取」になる。実際、ケア倫理への、正義論からの批判とは別のアプローチでの批判として、「ケアする人が搾取される」「心やさしい人ほど損をする」という指摘がある。そこで、ノディングスから「ケアされる人の倫理」を探してみよう。ここも彼女の論を徳永なりにまとめよう。

ケアされる人に求められるのは、「応答」である。もっと言えば「応答責任」である。自分のニーズを的確に表現できるかはわからないが、ケアする人がこちらのニーズを見て取って配慮ある働きかけをしてきたら、それに「応じて答える」ことである。いつも感謝せよということではなく、働きかけがズレていたらその不整合を何らかの形で表明すること、過不足があったら伝えること、これをなるべくならわがままでなく表現することは、ケアされる側の「応答」の「責任」である。ケアの責任をケアする側ばかりに負わせてはならない。ケアがより適切に行われるように、ケアされる側も協力的に意思表示をすべきである。

ケアの文脈でよく指摘される問題点の一つは、「やってもやっても報われない」「これで合っているか間違っているかの反応がない」という、ケアする人の徒労感である。ケアは、する側の自己満足のためにあるのではないが、される側の応答がそれなりにはなされることが、修正しながら持続させる活力になる。すると、やはり「ケアする人／される人」のキャッチボールのような、相互関係が大切になる。そこでノディングスは、「する／される」両者についてこう言う。ここも徳永なりにまとめよう。

両者に求められるのは、「非対称」であるという認識と「助け合い」への理解である。「非対称」とここで言うのは、一方的な上下関係があるということではなくて、相手と自分とは本質的に異なるのだと覚悟するということである。非対称であること、互いが異なることを認識したうえで「助け合い」をするのだと理解せよ。立場、状況は対等ではない。出せる力も果たせる役割も違う。むしろそこが同じなら、そもそも「する／される」とはならない。簡単にお互い様だねとは言うべきでない。するとまた、一方的な上下関係と言われそうだが、される側にも応答責任はあるし、場面が移れば「された人」が次の人に対して「する人」の役回りを果たすかもしれない。相手の立場に立って「包摂」し、相手に自己向上を見出させるように「奨励」することは、その一瞬においてはやはり「する側」の行為なのだ。

「ケア」の「倫理」を「ケアリング」の「関係」として考えるノディングスは、メイヤロフが言っていた「一四の特質」の中の七番目、「ケアされる者の自己実現を援助する中で、ケアする者も結果として自己実現できる」という境地を重視する。相互関係であり相互利益になるのだが、する側の自己満足のためにケアがあるわけではないから、やはり「献身」（メイヤロフの一四中の五番目）や「忍耐」（一四中の八番目）は、当面は「非対称」なのである。

### (3) 倫理的な人間関係

たった今、「相手の立場に立って包摂する」「相手に自己向上を見出させるように奨励する」と述べた。この「包摂と奨励」が少しずつ「関係」において形成され、「信頼」（メイヤロフの一〇番目）や「希望」（メイヤロフの一二番目）につながっていくことが、ノディングスにとっての「倫理的理想」なのだ。

前章で、「ケア倫理には、ロールズの正義の二原理やノージックの自由至上のような決めゼリフがない」と書いた。もし、ケア倫理に、決めゼリフとまでは言えなくてもゴールのようなものがあるとしたら、ノディングスだとこの「包摂と奨励による倫理的理想」ということになる。

ノディングスによるところである。徳永なりにまとめよう。

世にある代表的な人間社会の考え方として、共同体主義的なものと個人主義的なものがある。前者は、共同体の和を重視して関係性を大切にするという意味では、ケア倫理と近いが、因習的な権力関係（例えば職人の世界での徒弟制度）に埋没しやすい。後者は、自立して自律できる個人がバラバラに存在して「正しい原理」で行動するという、現実にはありそうにない社会を描いている。私ノディングスの「倫理的理想」の社会とは、個人個人をケア関係の中で見ていくのでバラバラではないし、個別的具体的状況に応じてケア関係を築くので権力関係の共同体にはならない。ケアする人がニーズを見て取って配慮を始めること、ケアされる人が応答する責任は果たすこと、これを実現可能な範囲で進めていく社会が「倫理的理想」なのである。

これへの徳永の見立ては、一つの見識として耳を傾けるがやはり「決め手に欠ける」なあ、というものである。どう配慮の判断をしてケアするか、どう応答してケアされるか、その判断基準が、「個別具体的だから」という抗弁の下で、いつまでも提示されない、というもどかしさが、やはり残るのである。「倫理的理想」とノディングスは言うが、「倫理的」の中身を彼女は語っていないな、と見える。

## 3 ケア倫理と正義論とフェミニズム

### (1) 正義論からの批判

正義論では人々の「脆弱さ」は救えない、正義論は自立した個人の男性原理にすぎない、と言ってケア倫理は登場したのだが、正義論の側からすると、ケア倫理によって自分たちが反省を迫られている、とはあまり思っていない。正義論擁護者からすれば、「ケア倫理は、やさしく配慮しましょうと言っているだけで、行動の判断基準を提示できていないし、人間は自立できるとは限らないと言って自立をサボり、脆弱な者どうしのもたれ合いを正当化している」と見えるのだ。

正義論はまた、男性原理に終始している、と言われることにも批判を返す。我々正義論者は、女性が自立を模索して経済界や政治界に進出することを歓迎するし、男性が家事や育児を分担することもいとわない。また、ケア的な配慮・世話も、アンペイドワーク、シャドウワークにとどめず、きちんと契約して対価が支払われて評価される営みだと認めよう。その準備はできている、というわけだ。

つまり、正義論がケア倫理を要素として取り入れれば済むだけのことであって、正義論と別領域に、正義論のできないことを果たす補完領域に、ケア倫理を樹立する必要はない、と正義論側は主張する可能性が高い、と思われるのである。

## (2) リベラリズムとの関係

ノディングスに即して言えば、彼女は正義論を、特にロールズ的なリベラリズム正義論を、拒否してはいない。むしろ、リベラリズムの言う権利の進展、不平等の緩和を大いに評価する。ケア倫理をもって、正義論をやり込めようとか、大いに反省を迫って修正させようとは思っていない。

ただそれでも、リベラリズムだけでは人々が生身で生きていく際の人間関係を温かく満たしていく血流そのものは語れない、と考える。リベラリズム的正義だけでは語れない人間関係の充足を、ケア倫理なら語れるのだ、とノディングスは考える。

リベラリズム正義論は、言ってみれば行動基準の正当化である。第一に自由、第二に平等、第三に格差縮小という大上段のルールである。それは評価するが、個別具体的な人間関係の苦悩やつまずきは、そのルールでは救えない、とノディングスは見るのである。

徳永はこう解釈している。ノディングスは、正義論に喧嘩を吹っかけてやっつけてやろうとは思っていない。正義論がときどき降ってきて人間社会を軌道修正する理性の方策だとしたら、ケア倫理は地べたを這いつくばる覚悟で日常の具体的なつまずきに手を差し伸べる感情の方策である、と。今「感情の方策」と、理性と対比するために述べた。もっと的確に述べれば、ケア倫理とは「共感の原理」なのだ、というのが徳永の解釈である。

それはついて回る。

## (3) フェミニズムからの批判とノディングスの返答

ケア倫理はフェミニズムから批判されやすい、ということは前々章から指摘してきた。ノディングスにおいても、それはついて回る。

ノディングスは、親から子へのケアについて、「親業」と名付けて父親母親共通の営みを語るが、最初は「母親業」と言っており、やはり母親の母性を有効に発揮させるケアを、第一のモデルと考えているようだ。また、「ケアする人」を"she"で表し「ケアされる人」を"he"で表すということをしばしばしており、ケアするのは女性的な営みだ、と暗に認めている面がある。

そうなると、「子育てや老親介護や弱者への手助けを女性の得意分野だと思っている」「その結果、女性ばかりにケアワークが押しつけられる因習を追認してしまっている」「それは男女差別の肯定だ」という、フェミニズムからの批判を免れなくなる。

ギリガンも、ケア倫理を言い出したとき、そう批判された。ギリガンより二年遅れて主著を出したノディングスは、この問題点に対処する準備をしていなかったのか、という疑問がわいてくる。

ノディングスなりに準備はある。彼女は基本的には、「男もケアに携わったほうがよい。女も正義を担ったほうがよい」という立場である。折に触れて、そういうことは書いている。「ケアワークは女だけにやらせておけばよい」という頭の古い男性の発想に与することはない。その意味では、フェミニズムからの批判には「男も女も」と返答していることになる。

ただそれでも、女性的感性を生かして感情面の応対をきめ細かにやっていこう、という論調はあり、男女を全く同等の役割に置こうとは考えていないようだ。その点を、ジェンダーバイアスが残っていると見なすか、男女の特徴を「特長」としてプラグマティックに善用しようとしていると見なすか、ここは研究者でも評価の分かれるところだろう。

# 第13章　第二世代キテイのケア倫理

## 1　ギリガンとノディングスを経てキテイへ

### (1)「もうひとつ」でない「愛と正義」

ギリガンの『もうひとつの声』（八二年）、ノディングスの『ケアリング』（八四年）、この二人、この二冊が哲学史的な固有名辞としての「ケア倫理」の開拓者、開拓的作品である、と前章までに述べた。二人は他にも著作や論文を出しているが、金字塔と評されるのはやはりこの二冊である。

では、それに続く現代の「ケア倫理」哲学者はと問われれば、キテイ（女性の哲学者で大学教授。障害児の母でもある）を挙げることができる。代表作は『愛の労働あるいは依存とケアの正義論』（一九九九）である。原題は“LOVE'S LABOR: Essays on Women, Equality, and Dependency”だから、直訳すれば『愛の労働：女性と平等と依存に関する論考』となる。先の邦訳題名の後半、『…ケアの正義論』は、内容を汲み取った意訳ということになる。たしかに、『愛の労働』だけでは意図するところが不明だし、ケア倫理の第二世代の代表作であるとアピールするためには、「ケア」というカタカナ語は邦訳書に使いたかったのだろう。

内容はこれから紹介するが、ケア倫理の第一世代と言えるギリガン、ノディングスと比べると、十数年遅れのこの書には、「男性的正義」に対抗する「もうひとつ」を提起するというよりは、「ケア的な愛も正義」と語る新しい姿勢が見られる。

### (2) キテイにとっての「正義論」の位置

この邦訳題名の特徴は、最後に『…正義論』と入れていることである。

前章までで語ってきたように、現代哲学は、ロールズ『正義論』(七一年) vsノージック『アナーキー・国家・ユートピア』(七四年)に代表されるような、正義をめぐる哲学論争すなわちリベラリズム(自由主義) vsリバタリアニズム(自由至上主義)の論争を、大きなテーマとして今日に至っている。

そこに、「正義の哲学論は、左派リベラリズムも右派リバタリアニズムも、結局は自立・自律の男性原理ばかりだ」と批判を投げかけて、「もうひとつの声」を届けようとしたのがギリガンであり、ノディングスであった。すると、ギリガンとノディングスの「ケア倫理哲学」は、「正義論哲学」とは別の、人間哲学として正義論だけでは足りないもう半分を埋める哲学、という様相になる。

ところが、キテイのこの著作は、『…依存とケアの正義論』となっているから、「ケア倫理を語るが、それは正義論と合体するものなのだ」と語っているように見える。邦訳書のときにつけられた言葉とはいえ、内容を見ると『依存とケアの正義論』という命名は当たっていると言える。

さらに言うと、キテイの別の著作は『ケアの倫理からはじめる正義論』(二〇一一)である。こちらの原題は"Justice Rooted in an Ethics of Care"(直訳すれば『ケアの倫理に根ざす正義論』)だから、キテイ自身がたしかに、「ケア倫理を正義論ともうひとつ別に立てるのではなく、両方を融合的・統合的に語ろう」という意図を持っている、と言える。

### (3) ケア倫理と正義論は融合するか

さて、この「ケアと正義」は現代哲学として、まさに現在進行形の哲学的論争として、注目すべき論点である。

性原理なのか」という問いを立てるなら、それへの答えは、「女性的な特徴をよい意味で生かす女性原理だ」という路線でも「ケアに男性が関わらなくてよいのではないから、男女共通原理と言うべきだ」という路線でも、立論は可能だろう。

本書の終末に近い本章で読者の皆さんに考えてもらいたいことはこうである。正義論として中盤の数章で示した内容を、ロールズ派かノージック派かは置いておくとして、それなりに筋の通った人間哲学原理だと受け止めるとすると、終盤の数章で示しているケア倫理は、正義論とは別の哲学なのだろうか。男性は正義論で生きる、女性はケア倫理で生きる、となるのだろうか。あるいは、男女を問わず右手には正義論を持ち左手にはケア倫理を持とう、となるのだろうか。あるいはさらに、正義論とケア倫理を二本立てと考えず統合理論を打ち立てよう、となるのだろうか。

キテイ哲学の結論を先取り的に述べると、キテイは今挙げた三つの方針のうち、三つ目の「正義論とケア倫理の統合理論」を目ざしているように見える。ただし、キテイ一人でそれが達成されているかには、疑問の余地がある。疑問の余地ありだとすると、三つ目の方針というのは適切だがキテイにはまだ論じきる力がない、という論評と、そもそも三つ目の方針を選ぶのが間違いなのだ、という論評とが出てくる。ここをどう考えるかは、まさに現在進行形の哲学論争なのである。

なお、本書では「障害者」という表記がしばしば出てくる。「障がい者」「障碍者」という表記を選ぶ人や機関もある。二〇～三〇年前、「害の字が、害悪をまき散らしている人という悪印象を与える」との意見があって、常用漢字ではない「碍」の字をあえて使うか、「がい」という平仮名で済ますか、という手が使われることがあるのだ。徳永は、「彼ら彼女らは社会的な不備や理解不足の被害者なのだから、その意味で害という字を使うのは失礼に当たらない」という考えを折に触れて表明しているので、「障害者」とためらわずに表記する。キテイの著作の翻訳者は「障碍者」のほうを選んでいるので、引用ではそれを尊重するが、徳永自身が書く文言では、「障害者」と表記することをお許しいただきたい。

## 2　キテイという人物

### (1) 障害者の母として

エヴァ・フェダー・キテイ（一九四六—）はアメリカの哲学者で、ニューヨーク州立大学の教授職にある。女性であり障害者の母であることも影響したのか、フェミニズム学やケア論や生命倫理を専門分野としているが、研究歴を見ると、正統派の哲学・思想史もしっかり学んできており、障害者問題などに市民運動だけから入り込んできて研究職を得たわけではなさそうである。なお、「キテイ」をネット検索すると、サンリオ社のキャラクター「キティちゃん」ばかりが出てきて、哲学者キテイの記事はほとんど出てこない。

キテイにとって、第一子である娘が重度の知的障害と脳性麻痺を持って生まれたことは、人生に決定的な経験となった。二三歳のときに、二六歳の夫ジェフリーとの間に娘セーシャが生まれ、そのあと第二子に男の子（こちらは障害児ではない）も生まれている。

「障碍児が生まれるときに最も大切なことは、子どもが生まれるということだ」。女性フェミニズム学者ファーガソンのこの言葉を、キテイは自著に引用して、セーシャが生まれたときのことを叙述している。子が生まれた、うれしい、母乳をあげる、いとおしい、その感情をまず素直な出発点として、障害という特性は二の次にして、夫婦で平等に「親業」に取り組む。仕事があるので様々な介護者の手も借り、セーシャが四歳のときからは、キテイより一〇歳年上の専従介護女性ペギーも雇う。セーシャのやり方とゆっくりした育ち方に導かれるように、キテイの母親業もペギーの介護業も育っていく。今（日本語版への序文が書かれた二〇一〇年。セーシャ四〇歳）では、二五年間介護したペギーは引退し、キテイと夫ジェフリーとの自宅から離れたセーシャは、新しい家（多重障害者が豊かに暮らせるコミュニティの中にある）で暮らし、週末はキテイ夫婦の自宅に戻ってくる、とのことだ。

この日本語版への序文の最後にはこうある。「セーシャを大人として、依存にもかかわらず一人格として見るようになりましたし……セーシャの声が政治的に届けられるべきだと信じるようになりました。……息子は結婚して三人の男の子がありますので、セーシャは今ではおばさんです。……セーシャが小さな甥たちと接しているようす、甥たちがそれぞれ違った風にセーシャに反応しているようすを見ているのは、人間に内在する共感能力について、そして認知障碍のある大人の生活における子どもの存在の重要さについて、考えを深めるよい材料です」。

## (2) キテイの人間観

キテイは、哲学研究者としてのベースはありながらも、重度知的障害者の母としてケアワークにいそしんだ者として、介護者ペギーのケアワークを傍らに見ていた者として、その経験を人間観の軸に据える。そして、セーシャのような依存者とそのケアワークに従事する者、その両者がどうすれば人間存在として尊重されるかを考える。キテイは、自身は夫とセーシャの弟にも協力してもらえたのだろうが、他の事例を見聞きし研究すると、ケアワーカーが圧倒的に女性であるという事実を確認させられる。そこで、ケアワーカー（キテイは、セーシャのような依存者のためにペギーのように働く者を dependence laborer と呼び、邦訳書では依存労働者と訳しているが、ケア倫理を語ってきた本書ではケアワーカーと呼ぶことにする）が、身を粉にして働いても報われにくいことを指摘する。母親なら、子の父親である夫から協力を得にくい、ねぎらってもらえない、ということもある。業務者としてのケアワーカーなら、報酬は安く身分は安定せず、時には依存者からの無理難題や反抗に自分の心をすり減らす、ということもある。

キテイ自身の母親としての経験から語ることが多いので、障害者とその親やケアワーカー、という話ばかりになりやすいのだが、キテイが見ている「ケアされる依存者／ケアするケアワーカー」はそれだけではない。依存者となるのは子ども（特に幼少期）、高齢者（認知症者など）、病者であるし、ケアワーカーとなるのは子の親、高齢者の子、看護や介護や保育の従事者である。一方に「弱者」がいて、もう一方に「強者ではないが世話する側になる／させられる者」がいるわけだ。

依存者の生活や人格をどう守るかも問題となるが、ケアワーカーの精神衛生や社会的地位をどう守るかも問題となる。前者の問題、後者の問題、前者と後者にまたがる問題に、ケア倫理をもっていかに解決するか（よりマシにするか）が、キテイの取り組んだテーマである。そしてその考究は、ケア倫理の哲学と別個に置かれてきた正義論の哲学をも巻き込む議論となるべきではないか、とキテイは考えるのである。

## 3　キテイの哲学・倫理・正義

### (1) キテイのケア倫理

キテイの基本的な出発点は、ギリガンやノディングスと共通する。人間とは依存し依存される存在である、ということである。そして、ケアしケアされるのが人間だから、そのケア関係を注視することが人間哲学であり、実践的な倫理だ、ということである。

人間は、理性的で自律と自立を果たせる独立的存在だとは言えず、感情的で相互依存と相互援助の下にある関係的存在だ、というのがケア倫理の大命題だ。正義論は前者のような独立的存在つまり「強い人間像」しか立てていないから、むしろ人間の本質である「弱さ」「依存性」「相互性」「共同性」に気づいていない、と見るのである。キテイは特に、その「弱さ」「依存性」を、こんな言葉で表現する。

「みな誰かのお母さんの子どもである」。

つまり、ひとり立ちしてビジネスで大きな仕事をやり遂げているつもりの人間も、赤ちゃんとして生まれ子ども時代を育つことができたのは、お母さんに産み育ててもらったおかげであり、もともとは依存的存在なのですよ、ということだ。

そしてもちろん、その「ひとり立ちビジネスパーソン」も、やがては老い、介護の世話になるだろうし、青年期や壮年期にあっても、病気やケガで医療者のお世話になることもあるだろう。そしてまた、本書ですでに書いたように、昼間ビジネスで腕を振るい、翌日もまたバリバリ仕事ができるのは、夜には家に帰って食事と風呂と寝床と翌朝のワイシャツの用意をしてくれる人（これもケアワーカー。多くは妻や母という女性）のおかげであり、十分なまでに毎日そこに依存しているのである。

さらに、私に言わせれば、そのビジネスパーソンの昼間の仕事も十分に依存的である。先人たちが築いてきた市場に依存しているし、製造・流通その他の分業相手に依存しているし、自力で商品開発したとしてもそれは青少年期の教育や職場で受けた指導のたまものである。「この商品なら売れる」という購買者のいる環境は、自力で作れたものではない。「私の腕前」は「先人たちや他の同世代人の腕前」との相互依存で成り立っているとさえ言える。

## (2)「ドゥーリア」という互恵的ケア

話をキテイに戻そう。キテイは、社会一般の相互扶助のことよりも、やはり母や妻や介護労働者のような、女性が主に背負わされるケアワークに注目する。一つに主張するのは、子どもや夫や高齢者が「依存者」として存在していること、そこにいるのが「弱者」であっても人格的敬意をもってケアされるべきであること、である。そしてもう一つ、それ以上に主張するのは、ケアワーカー側の不遇な状況である。金銭的に報われにくいことも問題視するが、それよりも「ケアワークの精神的労苦」と「それがまともに評価されないつらさ」を問題視する。

そこで、ケアワーカーつまりケアする人が、二次的にケアされるべきではないか、と訴える。キテイがここで持ち出す概念が「ドゥーリア」である。これは「ケアする人のニーズを満たすような人員を社会全体で互恵的に用意すること」と定義できる。キテイによると、出産したばかりのお母さんは赤ちゃんのケアが大変になるが、そのお母さんをケアする人員として「ドゥーラ」という存在があるから、この発想を広げて、ケアワーカーたちのしんどさをケアする「ケアワーカーに対するケアのシステムを作ろう」ということなのだ。

そのシステムを、キテイはまだ具体的に示せてはいない。そこがキテイ哲学の弱点だと徳永は見ている。キテイは、障害者の母親という自覚が強すぎるためか、母親業、女性ケアワーカーの倫理空間づくりに話を集中させやすいのだが、彼女のケア倫理が言いたいであろうことを拡張して、徳永なりに言い換えれば次のようになる。

依存者とケアワーカーを「ふたりぼっち」にしないこと、弱者の依存状態をあるケアワーカーに丸投げしてそのあとは見向きもしないなどという社会にしないこと、これが重要だ。子育てを妻に任せっきりにする夫はよくない（育児休暇を取らせない会社もよくない）し、高齢者施設さえ建設すれば職員の低賃金や地域とのつながりはどうでもよいという行政はよくない。

以上のような「ドゥーリアのある社会づくり」は、今の私たちに考えさせる部分がある。二〇二〇年からのコロナ禍ではみんな苦労してきたが、一番苦労し感染リスクにさらされている医療者・看護師たちが、感染者予備軍と見られて差別されるとか、病院経営の都合でボーナスをカットされるとかは、もってのほかであろう。

### (3) キテイのロールズ批判

さてキテイは、依存者とケアワーカーが社会全体でケアされるようなケア倫理を目ざしている、と言える。要するに、依存者もケアワーカーも「まともな人間として扱え」ということである。するとこれは、従来の正義論とは別個の哲学としてケア倫理を樹立しよう、という話なのだろうか。ギリガンが「もうひとつの」と言ったときには、そんな論調だった。第二世代であるキテイはどうだろうか。おそらくキテイの場合は、「正義論とは別に」ではなく「正義論の側に修正してもらってケアも統合的に」と考えているのだろう。ギリガン、ノディングスにおいては、正義論を対極に置くようなケア倫理の語りようがあったが、キテイは、それと同じようでありながら、「正義論哲学よ、私たちのことも考えて、視野を修正してくださいよ」と言っているように、私には聞こえる。

そこで「キテイのロールズ批判」である。その批判する心境は、私に言わせればこうだ。ロールズ正義論は視野が狭い、ケア的配慮が足りない、でも可能性は感じるから私から袂を分かつことはしない、考え直して握手してくれたらいいのに、という心境である。

ちなみに、正義論にはもう一つ、ノージック的なリバタリアニズムもあるのだが、キテイはこちらには批判の言説を投げかけていない。なぜか。徳永の見方ははっきりしている。ノージックはキテイにとっては「論外」だからだ。「あんな、男性原理の中でも最悪な、俺一人で稼いだのだから全部俺のものだ、などという言い草は、相手にするのもばかばかしい。ノージックさんは自分が〝お母さんの子ども〟だったことを忘れたのかしらね」と、もしキテイが尋ねられたら言うのだろう。

そこで、まだ批判する「甲斐がある」ロールズだけが相手となる。批判の大筋は、ギリガンと変わらない。改めて、キテイの言いそうなことに寄せて書くとこうなる。

自立・自律の理性的個人だけが人間なのではない。むしろ依存・援助の感情的人間どうしの関係性こそが人間の本質だ。前者を前提とする正義論を、(ノージックはもとより)ロールズも推進している。ロールズには格差原理(つまりは格差縮小方針)があって、まだ弱者への配慮を語っている部分があるが、やはり「自立した個人」を基本単位に置いている。自由に働いて稼ぎ、平等な競争に勝った者が活躍する社会を基本的な像として描いている。そのあとで、力があって活躍できるなら、その力をなるべく恵まれない人々のために使ってあげようね、と言っているにすぎない。自立した個人が活躍する社会が主流で、依存者と、そこでささやかな仕事をするケアワーカーは、「弱者」という「例外的存在」とされ、傍流に追いやられている。二次的に「恵まれない人々だから」と助けてもらえる(かもしれない)にすぎない。この主流と傍流の分け方がおかしい。「お母さんの子ども」だったことを思い出し、大人になっても「子ども」的な依存者にならざるをえない人々も主流の中で一緒に考える、という「正義論再構築」をやってくださいよ。

わかりやすいように形を崩して書いたが、以上のようにキテイは、『愛の労働』と題するケアワークの「愛」を、正義論の中に求めたのである。ノージック派の人たちは全く聞く耳を持たないだろうが、ロールズ派の人たちならわかってくれるのではないか、という願いを込めて。これが、現在進行形である正義論とケア倫理について、徳永が描いている地図である。

# 第14章　正義、ケア、福祉的共生

## 1　ケア倫理にとっての正義論

### (1) ケア倫理から振り返る正義論

前章までで正義論とケア倫理を語り、「ロールズ的な正義論なら、ギリガンからキテイにわたるケア倫理とつながりうるかも」という趣旨を浮上させてきた。この先に本書が目ざすのは、次の道である。

①正義論とケア倫理の現代史的遺産から、「正義とケアの現代哲学」を見出し、正義もケアも現実的にプラグマティックに考えること。

②二〇世紀後半から世で語られた、正義ある「福祉国家」を、二一世紀にかけて論じられるようになった、ケア倫理も含む「福祉社会」として、再生させること。

③障害（障がい、障碍）やトランスジェンダーへの認知も踏まえて、これからの「多様な人々の共生」を、正義とケアのある福祉的共生として、哲学から基礎づくりを試みること。

そこでまず、次のように議題を設定してみよう。

ノージック的な「強者礼賛の冷たい正義論」は、ケアが語られ多様な人々の共生が語られる今日においては「論外」であって、ロールズ的な「弱者も底上げするあたたかい正義論」ならば、ケア倫理と接合して福祉社会再生に資する可能性がある、という命題は正当であるか、と。

当然そうだ、と簡単には行かない。ノージックらのリバタリアニズムが社会民主主義的な人権論者からさんざん批判され、ロールズらのリベラリズムが称揚とまでは言わなくても傾聴され部分修正を伴いながら磨き上げられようとする、という時代潮流があるにはある。しかし、現実の経済社会はリバタリアンが幅を利かせている。ITイノベーションの業界では「稼いだ勝者」がもてはやされ、むしろ彼らが「経済を回して」くれることで世の中が潤うのだ、ひいては貧者にもおこぼれが届くのだ、と見られやすい。「正義が勝つ」のではなく「勝った者が正義だ」とされやすいのだ。

リバタリアニズム批判の書は、哲学者のみならず政治学者や経済学者によっても書かれ続けている。ケア倫理の文脈も踏まえればなおさらだ。それは一面では、弱肉強食を批判するある種の良識が世に示されている姿と言える。しかし別の面では、「声高に」書き示さないといけないほど格差追認の現実が強烈であることを、露呈していると言える。「教養人的な良識」は、食い扶持を求める現実には対抗できないのだろうか。こんなことも覚悟しながら、論を進めよう。

## (2) 正義がケアも視野に収める？ ケアが正義を修正する？ それとも二本立て？

リバタリアン的な正義の論者は、自立した個人が自由闊達に稼ぐ社会を是認する。その「圧倒的な自由」の礼賛が「自由至上主義」と呼ばれるゆえんだ。彼らがケア倫理の論者から、「あなたもお母さんの子どもとして依存していたでしょうに」と言われたら、「そんな雌伏の時代を卒業して自由に雄飛する今が本来の自分だ。依存の子ども時代を埋め合わせて余りあるほど自立して世に富をもたらせばいいんだろう」と答えるだろう（この「雌」伏、「雄」飛という文字使いがすでにジェンダーバイアスなのだが）。

リベラリスト的な正義の論者でも、リベラルな自由は大前提で、福祉的共生も自由人なればこその「矜持」として語られやすい。「格差を縮小せよ」という命題は、相互依存を本性と認めての助け合い提言ではなく、「第一に自由、第二に平等、第三に格差へも配慮」という順序での努力目標に位置づけられてしまう。カント倫理学用語を使えば、格差縮小は絶対優先の「完全義務」ではなく、副次的目標の「不完全義務」なのだ。

では、「もうひとつの声」として始まったケア倫理は、正義論が「軽んじている」依存に焦点を当てることで、正義論に「ケアも正義の課題だと視野に収めよ」と呼びかけるのだろうか。それとも、二〇世紀的正義論から二一世紀的ケア倫理に主軸を置き換える心意気で、ケア倫理を中心に正義論を大きく修正せよと迫るのだろうか。あるいはそれとも、正義論とケア倫理を溶け合わせるのではなく、二本立ての哲学的規範として立てよと言うのだろうか。

## 2　福祉的共生のための正義とケア

### (1) ケアを抱き込む正義論哲学の可能性

「正義は男性原理で、ケアは女性原理」という見方がかつてはあったことをもう一度思い起こすなら、「男性的か女性的か」という区別は今ではもはや意味を失いつつあるという認識を持つ必要がある。批判的ジェンダー論としてもそうだし、LGBTQを尊重する価値観からすればなおさらだ。そのうえで、ソクラテス以来の伝統もある「正義」という徳目に現代風のふくらみを与えるとすれば、ケア倫理が主張する理念を抱き込むような正義論を二一世紀哲学としよう、という考え方が生まれてくる。

つまり、「自立してこそ人間か、依存が根底にあるのが人間か」を二者択一の問いとするのではなく、「自立も依存も」と認めて、「自立は依存によって育てられるし、自立したあともしばしば依存する」と受け入れるのである。自立（そして自律）が大いなる価値であることは認めるし、そこを目標とすることを積極的に評価はする。しかし、子ども時代にはあった依存、大人になってからも家に帰れば男も女も依存する相手がいる状況、これらを肯定することも含み込んで、「裏支えを伴った正義」を柔軟に思考し、懐深く志向するのである。

正義とは、「知恵と勇気と節制の統合」（プラトン四元徳論）とも言えるが、知恵が足りないとき、勇気を持ちきれないとき、節制に至らないとき、その不十分さを相互依存の中で相互補完するのも、人間らしい生き方だと受容しよう。実際プラトンは、それら三つの徳（正義を合わせれば四つの徳）を一人で十全に兼ね備えるのは難しいと思ったからこそ、三つの階級（統治者と軍人と生産者）に分担させよと提言したのである。依存的ケアもしばしばある、裏支えとしてはいつでもある、と考えての正義論を再構築すること、これがひとつの可能性である。

福祉的な助け、例えば病気や困窮への給付金は、人生の中で必要とする時期もあれば、不必要でむしろ原資を差し出す時期もある。長い人生の結果として、受け取るほうが多かったとか差し出すほうが多かったとかが、人によってあるだろう。ロールズの言う「無知のヴェール」がかけられているかはともかく、人生はわからない。個人の境遇は時代の趨勢でも変わる。浮き沈みや持ちつ持たれつを含む「正義ある社会」を是認し、他者と渡り合っての自立はその他者との共生を前提とするという現実を肝に銘じて、正義論を立てるのである。

### (2) ケアを「別の福祉論」とする哲学の可能性

今述べたのは、正義論にケア倫理的な要素を抱き込ませるという発想である。しかし、ギリガンが「もうひとつの」と言ったのは、ケアを主軸に置く哲学・倫理学の発想であろう。多様な者どうしの共生社会は、福祉的配慮をこそ優先課題とすべきだ、と考えるのである。人間はそもそも、自立的というより相互依存的であるのだから、というのがその理由である。「自立の正義論」を「依存のケア倫理」で補完するというよりも、相互依存ケアそれ自体を「人の正しさ、よさ」の第一要件と見るのである。

キテイを紹介する章で語ったことを振り返る。キテイ自身は「ケア倫理と正義論の融合」を目ざしていたと推量されるが、彼女の哲学はある意味では、ケアしケアされることこそが人間だ、というもので、「正しさとは自立性ではなく相互性である」と語っている面が強い。キテイの娘、障害者であるセーシャの話を想起しよう。セーシャが大人になって弟の息子たち、つまりセーシャの甥たちが登場する場面で、セーシャが甥たちに与える影響と甥たちから受ける影響、そこに醸し出される共感が暗示されていた。この相互影響と共感の世界にこそ多様な人々がいることを認め合う人間哲学がある、と主張することは可能である。

その多様な人々がいる世界を保つための生活財をどこから持ってくるか、という議論は別にあるだろう。それでも、この世界を尊重したいという思い、ケア空間を経済論とは別の福祉論として守りたいという思い、これらを主軸とする哲学はありうる。セーシャの甥たち、つまりキテイの孫たちがこの経験の中で育って大人となり、彼らのような経験を経た人が世代の多数派になれば、福祉的共生の哲学は「一方からほどこしを与える理論」を卒業して「一緒にいて当たり前という理論」になる可能性が開かれる。そうなると、正義という言葉でまずは何を語るかさえも、修正されていくかもしれない。

### (3) 正義論とケア倫理を二本立てとする哲学の可能性

ケア倫理が主軸となって福祉論としての哲学を立てうること、そしてケア倫理が正義論を修正するかもしれないこと、を今述べた。さらに別の組み立て方として、「正義論は正義論。ケア倫理はケア倫理。この二つが持ちつ持たれつ的な二本立ての哲学になる」と語れる可能性もある。

それは次のような語り方になる。二〇世紀正義論が自立（自律）志向であり、男性中心的な発想であったことは認めよう。しかしそれは、哲学者たちの限界というより時代そのものの限界であり、当時の諸学問や政治経済が総じて、その宿命の下にあったと言える。それはそれとして、プラスマイナス両面を持つ現代史の遺産と受け止め、使える部分は使い続けて、新時代の福祉論や共生論を踏まえたケア倫理を、もう一本の哲学的柱として議論にのせよう。このように語りうる。

実際に行われている議論として、二〇世紀型の正義論は、今も修正や批判も加えられながら語られ続けている。二一世紀はケア倫理の時代だから正義論にこだわるのは守旧派にすぎない、とは思われていない。哲学・倫理学系の学会の活動で見れば、正義論をテーマとするセッションもあればケア倫理をテーマとするセッションもあり、一方に参加する研究者が他方には見向きもしないなどということはない。どちらもそれなりに大事だ、と多くの者が認めている。

ならば、正義論はそれとして哲学的テーマであり続けると認めよう、となる。リバタリアンは、リベラリストから時には目の敵にされるが、今も新たに出現するということは、決して「ゾンビのような存在」ではなく「正直な生身の人間」の声でもあるからだ。独占欲の権化ばかりではなく、チャリティー精神の持ち主も多く、世にある慈善団体や環境保護組織の創始者にはリバタリアン的な人物がしばしば見られる。

リベラリストも、ケア倫理論者から男性中心主義だと言われることがあるが、「自由と平等」に「女性の自由、男女の平等」を含めるリベラル提言を多く出している。それがすぐにケア倫理と融和しないのは、「自立と依存の両立を図るリベラルの論」が、「依存が是認されすぎるもたれ合い助長の論」に〝堕する〟のを警戒するからではないか、と徳永は見ている。

こう論じていくと、ケア倫理は、やはり自立にこだわる正義論とは別の、依存を人間本性として肯定する哲学であるとするがよいのではないか、という話になる。

## 3　正義、ケア、その先にある福祉哲学

### (1)「共感の哲学」としての福祉哲学

正義論は「自立の哲学」であり「男性原理の哲学」である、という説明が可能であった。他方、ケア倫理は「依存の哲学」であり「女性原理の哲学」である、という説明が可能であった。徳永自身は、かつて正義論に多くを学び、今はケア倫理にも多くを学び、両者の融合や両立に思い悩んでは試行錯誤（思考錯誤）しているのだが、ここで「共感の哲学」という言葉を提示したい。それは、これからの福祉的共生をどうつくるかという文脈でたどり着いたキーワードであり、ケア的配慮でありながら人間本来の正義でもある象徴語となる。「共感の哲学」は、ケア倫理の重視という意味では未来志向の鍵概念だが、本来的な正義にもかなうという意味では「原始感情」に回帰する鍵概念でもある。

端的に述べよう。人が人と共にいることで得られる肯定的感情、人と共にいることをより有意義にするために生み出す感情、それが「共感」である。ケアを考えよ、配慮せよ、というのは目的意識を持った指針であるが、外圧的ではなく内発的に生じやすい志向である。そして、共感が「目的意識」としてのケアの提言で語られるときもあるが、むしろ多くは「初めからある」人間的感情として指摘されることが多い。ならば、共感的なケアを、多様性の現代に向き合う気配り感情の発露として、場合によっては正義感の基盤感情によるものとして、認めることもできよう。福祉的志向の根底には「共感」があり、「共感の哲学」が「福祉哲学」なのだと説明することができる。

近代哲学の創始者デカルトはこう言った。「われ思う、ゆえにわれあり」（原語はラテン語で cogito, ergo sum.

英訳すればI think, therefore I am.)と。ならば、こう言おう。「私は感情を持つ、ゆえに私はケアをなす」(I feel, therefore I care.)と。また、一九七〇年代の映画俳優ブルース・リーの名ゼリフ、"Don't think! Feel!"(考えるな！ 感じろ！)になぞらえてこう言おう。"Think! But feel, too!"(考えろ！ でも同時に感じろ！)と。

一方のthinkが理性の思考であり正義論的な推論であるならば、他方のfeelは感情の志向でありケア倫理的な共感発露である。共感(シンパシー。最近はエンパシーという新語も登場して、これら二つの語の区別が論じられるが、本書ではそこまで論及しない)は、たんなる弱者への同情ではなく、「一緒に泣き笑いするから一緒に取り組もう」という姿勢である。正義とて一人では成立せず「わかってもらう」ことが重要だし、ましてやケアは二人以上の相互依存・相互配慮である。共感を正面から積極的に評価することで、ケア倫理は深まるし、実は正義論さえ裏付けが持てるのである。

ケア倫理から福祉社会づくりにアプローチする場合はもちろんのこと、正義論からアプローチする場合でも、「共感」を哲学の動機づけ部分に強く意識することは、未来志向としても原始感情重視としても有効である、というのが徳永哲学の端緒としての「直感」であり、考え抜いた境地としての「直観」である。

### (2) 福祉的共生に正義論、ケア倫理を活用する

リバタリアニズム正義論だけでは、共生よりも競争が前に出て、バランスの危うい共存になる。その自由競争こそが強者を育て富を広げるのだ、という理屈もわからなくはないが、それを唯一の価値基準とすると、アンバランスの果ての闘争と瓦解につながりやすい。

リベラリズム正義論は、平等への配慮と格差の縮小とをもって安定的共存に近づける可能性がある。しかし、一に自由、二に平等、三に格差縮小という優先順位は保持するから、自立した紳士の振る舞いを誇りとし男性的価値

観にある、という批判は免れない。

ケア倫理は、人間の本性を相互依存に見出し、ケアする者もケアされる者も尊重する「やさしさ」を感じさせる。「自由」をキーワードにすれば、正義論が「強くなる自由」を奨励するのに対して、ケア倫理は「弱くあることも許す自由」を是認する。ただし、生産し消費する財を必要とする人間を考えるとき、「弱くある自由」は「もたれ合いだ」と皮肉られ批判される側面を持ちうる。

さて、「正義とケアの現代哲学」をプラグマティックに考える本書も、終末に近づいた。戦闘的ではない自由な競争で富を拡大するというリバタリアニズムは、一理あると認めるが、地球環境的限界や悲惨すぎる格差を見ると、一理しか認められない。自由優先だが恵まれない者への配慮もするというリベラリズムは、まずまずの包容力を持つが、格差縮小の道筋のあいまいさなどに包容力の虚弱さも感じる。人間どうしの相互依存を高く評価するケア倫理は、人の弱さにいっそう親身に寄り添うが、誰がいつまで寄り添い続けられるかの確証を与えてはくれない。

これらを考えると、リバタリアニズムが持つ開拓者的な強引さも、リベラリズムが持つ紳士的な配慮も、ケア倫理が持つ依存者への気配りのよさも、どれもが部分部分として有意義だという結論になりそうだ。それらを上手に活用して、「時に自立者。時に依存者。依存も許しながらの自立と自律」を、もたれ合いでない建設的な相互依存としてつくる福祉社会の福祉哲学として、総合的に打ち立てよう。

### (3) 福祉的共生のプラグマティックなイメージ

徳永はかつて、『たてなおしの福祉哲学』(二〇〇七年)において、「生存保障のプラスター・モデル」を示したことがある(同書一八三頁〜)。「働いて、稼げるときには稼いで、適度に税は払う」ということを一応の前提としつつ、「誕生→就職→退職→死亡」の人生に時として出てくる「ほころび」に、いかにして「傷をかばうタテの糸とヨコの糸の織り成す布」をプラスター（絆創膏・膏薬）として貼るか、という問題設定である。

その結論はこうである。

①生存から死亡までの全期間（例えば〇歳から九〇歳）に、必要最低限の基本所得（ベーシックインカム）というプラスターを貼る。財源は、税。

②その最低限所得を少し膨らませるために、ボランティア的労働を担える子ども時代から老人時代まで（例えば五歳から八〇歳）に、参加所得（パーティシペーションインカム）というプラスターを貼る。財源は、その労働がささやかに生み出す価値と、税。

③就職から退職まで（例えば二〇歳から六五歳）に、保険会社や自主的組合を活用して個人保険や組合保険の給付体制整備というプラスターを貼る。財源は、個人個人が自主的に払う保険料。

ここで、①と②においては税が財源となるので、リバタリアンには徴税という制度に少し歩み寄ってもらう（できればある程度の累進制で）。③においては保険料が財源となるので、ここではリバタリアンも自主組合にはカネを出すはずだし、いくらかは公共精神をもって積極的に出してもらう。

以下に、『たてなおしの福祉哲学』でも示したプラスター・モデルの図を提示する。例えば社会保障を現代哲学から考えるとすれば、このようなイメージがプラクティカルな糸口になりうるだろう。

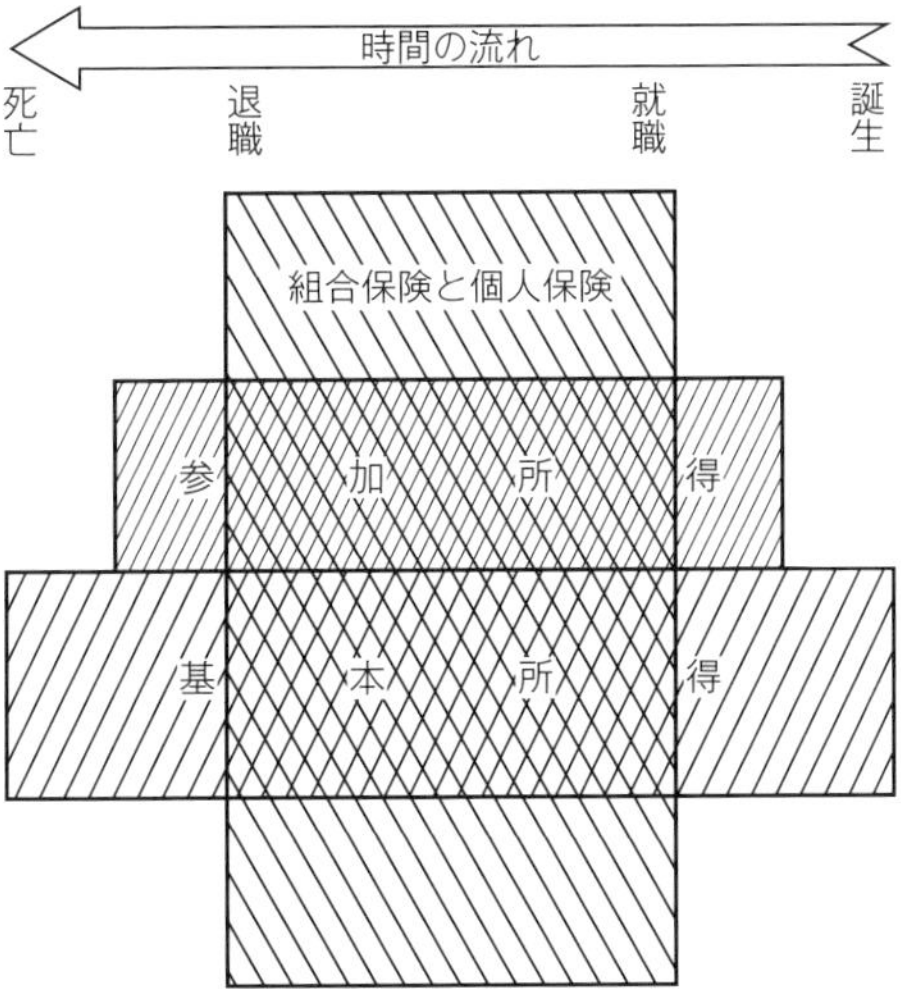


図　生存保障のプラスター・モデル

# あとがき

この書を著す直接のきっかけとなったのは、二〇〇七年に晃洋書房から出した『たてなおしの福祉哲学——哲学的知恵を実践的提言に！』である。生命倫理の研究を深めていたこと、大学で社会福祉学部生に専門基礎科目として「福祉哲学」という科目を教えていたこと、これらが重なって、書き溜めたノートを単著に仕上げたのが『たてなおしの福祉哲学』であった。それから一〇年以上がたって、「時代の変化を踏まえてそろそろあの本の後継本を」と晃洋書房から声をかけていただき、数年がかりで本書『正義とケアの現代哲学』にたどり着いた。

『たてなおしの福祉哲学』では、福祉職にある人、介護保険制度が始まって福祉問題に関心を持った人、社会福祉学を学ぶ学生、これらを読者として想定していた。今回の『正義とケアの現代哲学』では、現代社会に広く関心を持つ人、福祉問題も含めて「公正」や「共生」を時代の価値として考えたい若者、これらに読者対象を広げた。その分、福祉テーマに関心があることを前提とはせず、「正義」や「ケア」といった共通性の高いテーマ語を掲げて結果的に福祉的共生にも視野が届く、という書き方を採用した。

現代社会を哲学から考えると言っても、テーマは「正義」と「ケア」に限られはしない。生命倫理や環境倫理をはじめとする応用倫理学テーマは何本か立てることが可能で、それはそれで私も研究対象としている。本書中に挙げた論理実証主義や、拙著『プラクティカル 生命・環境倫理』（二〇一五年）で触れた徳倫理学など、現代的テーマは数々ある。その中で今回構想したのは、特に若い人たちに「正義とケア問題をどうつなぎながら考えるか、そのきっかけを持ってもらう」という目標であった。

一冊の本に書ける量には限界がある。今の若い人たちが本一冊に支払う対価の金銭感覚も、昔とは違っているだろう。実質十数時間で読み通して「一応わかった」と思ってもらえる情報量も考えて、このページ数、この価格の一冊としてみた。

プラグマティズムの専門家からは「二〇世紀後半のプラグマティストへの言及をもっと」と求められるであろうし、正義論の専門家からは「ロールズ後期やサンデルにも言及を」と求められるであろうし、ケア倫理の専門家からは「シンパシーとエンパシーの概念にも触れて」と求められるであろう。それらを大胆に切り詰めて、「手に取ってもらえて、読み通してもらえて、わかってもらえる」ような、二〇〜二一世紀哲学ストーリーを、ここに工夫したつもりである。

実はこの書を著す直前に、日本社会思想史に傾注する数年間があった。頚椎の大手術の入院生活とリハビリという数カ月の日本思想書集中読解期間を経て、研究ノートを作って論文にしていったのである。そして、かねてから研究していたヨーロッパ社会思想史の研究成果と合体する形で、『今を考えるための近世思想――時代と向き合った日欧16人の思想家』を二〇二〇年に上梓することとなった。晃洋書房には、先に計画していた『正義とケアの現代哲学』と刊行順序を入れ替える形で、両方の単著を引き受けていただいた。感謝を申し上げる。

そして、この書を手に取り、読んでみてくれたあなたにも、「ありがとう。できればこの先を自分で考える機会をいつか持ってくださいね」と申し上げよう。

二〇二一年七月　コロナ禍やまぬ大学研究室にて

徳永哲也

参考文献

〈近現代哲学史関係〉

久保陽一・河谷淳編著『原典による哲学の歴史』、公論社、二〇〇二年。

小坂国継・本郷均編著『概説　現代の哲学・思想』、ミネルヴァ書房、二〇一二年。

里見軍之・谷口文章編著『現代哲学の潮流——哲学と生活世界の展開』、ミネルヴァ書房、一九九六年。

徳永哲也『今を考えるための近世思想——時代と向き合った日欧16人の思想家』、晃洋書房、二〇二〇年。

峰島旭雄編著『概説　西洋哲学史』、ミネルヴァ書房、一九八九年。


〈プラグマティズム関係〉

伊藤邦武『プラグマティズム入門』、筑摩書房、二〇一六年。

上山春平責任編集『パース　ジェイムズ　デューイ　世界の名著48』、中央公論社、一九六八年。

魚津郁夫『プラグマティズムの思想』、筑摩書房、二〇〇六年。

加賀裕郎・高頭直樹・新茂之編『プラグマティズムを学ぶ人のために』、世界思想社、二〇一七年。

ジェイムズ、ウィリアム『プラグマティズム』、桝田啓三郎訳、岩波書店、一九五七年。

仲正昌樹『プラグマティズム入門講義』、作品社、二〇一五年。

パース、ジェイムズ、デューイ『プラグマティズム古典集成』、植木豊編訳、作品社、二〇一四年。

マーフィー、ジョン・ローティ、リチャード『プラグマティズム入門——パースからデイヴィドソンまで』、高頭直樹訳、勁草書房、二〇一四年。

ミサック、シェリル『プラグマティズムの歩き方——21世紀のためのアメリカ哲学案内』、加藤隆文訳、(上巻)(下巻)、勁草書房、二〇一九年。

〈正義論関係〉


井上彰『正義・平等・責任――平等主義的正義論の新たなる展開』、岩波書店、二〇一七年。

井上彰編『ロールズを読む』ナカニシヤ出版、二〇一八年。

ウォルツァー、マイケル『正義の領分――多元性と平等の擁護』、山口晃訳、一九九九年。

宇佐美誠・児玉聡・井上彰・松元雅和『正義論――ベーシックスからフロンティアまで』、法律文化社、二〇一九年。

碓井敏正『現代正義論』、青木書店、一九九八年。

ウルフ、ジョナサン『ノージック――所有・正義・最小国家』、森村進・森村たまき訳、勁草書房、一九九四年。

大川正彦『正義　思考のフロンティア』、岩波書店、一九九九年。

重田園江『社会契約論――ホッブズ、ヒューム、ルソー、ロールズ』、筑摩書房、二〇一三年。

神島裕子『正義とは何か――現代政治哲学の6つの視点』、中央公論新社、二〇一八年。

神島裕子『ポスト・ロールズの正義論――ポッゲ・セン・ヌスバウム』、ミネルヴァ書房、二〇一五年。

川本隆史『ロールズ――正義の原理』、講談社、一九九七年。

後藤玲子編著『正義　福祉＋α』、ミネルヴァ書房、二〇一六年。

小林正弥『サンデルの政治哲学――正義とは何か』、平凡社、二〇〇一年。

クカサス、チャンドラン・ペティット、フィリップ『ロールズ――『正義論』とその批判者たち』、山田八千子・嶋津格訳、勁草書房、一九九六年。

サンデル、マイケル『これからの「正義」の話をしよう――いまを生き延びるための哲学』、鬼澤忍訳、早川書房、二〇一一年。

鈴村興太郎・後藤玲子『アマルティア・セン――経済学と倫理学』、実教出版、二〇〇一年。

セン、アマルティア『経済学と倫理学』、徳永澄憲・松本保美・青山治城訳、筑摩書房、二〇一六年。

セン、アマルティア『不平等の再検討――潜在能力と自由』、池本幸生・野上裕生・佐藤仁訳、岩波書店、一九九九年。

竹内章郎『現代平等論ガイド』、青木書店、一九九九年。

土屋恵一郎『正義論／自由論――無縁社会日本の正義』、岩波書店、一九九六年。

中村隆文『リベラリズムの系譜学——法の支配と民主主義は「自由」に何をもたらすか』、みすず書房、二〇一九年。

中山元『正義論の名著』、筑摩書房、二〇一一年。

ノージック、ロバート『アナーキー・国家・ユートピア——国家の正当性とその限界』、嶋津格訳、木鐸社、一九九六年。

広瀬巌『平等主義の哲学——ロールズから健康の分配まで』、勁草書房、二〇一六年。

福原昭雄『リバタリアニズムを問い直す——右派／左派対立の先へ』ナカニシヤ出版、二〇一七年。

森田浩之『ロールズ正義論入門』、論創社、二〇一九年。

森末伸行『正義論概説』、中央大学出版部、一九九九年。

森村進『自由はどこまで可能か——リバタリアニズム入門』、講談社、二〇〇一年。

森村進編著『リバタリアニズム読本』、勁草書房、二〇〇五年。

ロスバード、マリー『自由の倫理学——リバタリアニズムの理論体系』、森村進・森村たまき・鳥澤円訳、勁草書房、二〇〇三年。

ロールズ、ジョン『公正としての正義　再説』、田中成明・亀本洋・平井亮輔訳、岩波書店、二〇〇四年。

ロールズ、ジョン『正義論』、矢島鈞次監訳、紀伊國屋書店、一九七九年。

ロールズ、ジョン『正義論　改訂版』、川本隆史・福間聡・神島裕子訳、紀伊國屋書店、二〇一〇年。

吉崎祥司『「自己責任論」をのりこえる——連帯と「社会的責任」の哲学』、学習の友社、二〇一四年。

渡辺靖『リバタリアニズム——アメリカを揺るがす自由至上主義』、中央公論新社、二〇一九年。


〈ケア倫理関係〉

川本隆史『現代倫理学の冒険——社会理論のネットワーキングへ』、創文社、一九九五年。

川本隆史編『ケアの社会倫理学——医療・看護・介護・教育をつなぐ』、有斐閣、二〇〇五年。

金井淑子・竹内聖一編『ケアの始まる場所——哲学・倫理学・社会学・教育学からの11章』、ナカニシヤ出版、二〇一五年。

キテイ、エヴァ・フェダー『愛の労働あるいは依存とケアの正義論』、岡野八代・牟田和恵監訳、白澤社、二〇一〇年。

キテイ、エヴァ・フェダー『ケアの倫理からはじめる正義論——支えあう平等』、岡野八代・牟田和恵編著・訳、白澤社、二〇一一年。

ギリガン、キャロル『もうひとつの声――男女の道徳観のちがいと女性のアイデンティティ』、岩男寿美子監訳、一九八六年。

クラインマン、アーサー・江口重幸・皆藤章『ケアをすることの意味――病む人とともに在ることの心理学と医療人類学』、誠信書房、二〇一五年。

コールバーグ、ローレンス・ヒギンズ、アン『道徳性の発達と道徳教育――コールバーグ理論の展開と実践』、岩佐信道訳、麗澤大学出版会、一九八七年。

丹木博一『いのちの生成とケアリング――ケアのケアを考える』、ナカニシヤ出版、二〇一六年。

中野啓明・伊藤博美・立山善康編著『ケアリングの現在――倫理・教育・看護・福祉の境界を越えて』、晃洋書房、二〇〇六年。

野田正彰『共感する力』、みすず書房、二〇〇四年。

ノディングズ、ネル『ケアリング――倫理と道徳の教育　女性の観点から』、立山善康・林泰成・清水重樹・宮崎宏志・新茂之訳、晃洋書房、一九九七年。

ノディングス、ネル『教育の哲学――ソクラテスから〈ケアリング〉まで』、宮寺晃夫監訳、世界思想社、二〇〇六年。

ノディングズ、ネル『学校におけるケアの挑戦――もう一つの教育を求めて』、佐藤学監訳、ゆみる出版、二〇〇七年。

（注：「ノディングス」か「ノディングズ」かは各翻訳書の表記に従った。）

浜渦辰二『ケアの臨床哲学への道――生老病死とともに生きる』、晃洋書房、二〇一九年。

ブルジェール、ファビエンヌ『ケアの倫理――ネオリベラリズムへの反論』原山哲・山下りえ子訳、白水社、二〇一四年。

三井さよ『ケアの社会学――臨床現場との対話』、勁草書房、二〇〇四年。

メイヤロフ、ミルトン『ケアの本質――生きることの意味』、田村真・向野宣之訳、ゆみる出版、一九八七年。

森村修『ケアの倫理』、大修館書店、二〇〇〇年。

渡辺俊之『希望のケア学――共に生きる意味』、明石書店、二〇〇九年。


〈福祉社会論関係〉

アトキンソン、アンソニー・バーンズ『21世紀の不平等』、山形浩生・森本正史訳、東洋経済新報社、二〇一五年。

アトキンソン、アンソニー・バーンズ『福祉国家論――所得分配と現代福祉国家論の課題』、丸谷冷史訳、晃洋書房、二〇一八年。

岩井克人『二十一世紀の資本主義論』、筑摩書房、二〇〇〇年。

小沢修司『福祉社会と社会保障改革――ベーシック・インカム構想の新地平』、高菅出版、二〇〇二年。

塩野谷祐一『経済と倫理――福祉国家の哲学』、東京大学出版会、二〇〇二年。

塩野谷祐一・鈴村興太郎・後藤玲子編『福祉の公共哲学』、東京大学出版会、二〇〇四年。

神野直彦『経済学は悲しみを分かち合うために――私の原点』、岩波書店、二〇一八年。

神野直彦『「分かち合い」の経済学』、岩波書店、二〇一〇年。

神野直彦・井手英策・連合総合生活開発研究所編『「分かち合い」社会の構想――連帯と共助のために』、岩波書店、二〇一七年。

セン、アマルティア『福祉の経済学――財と潜在能力』、鈴村興太郎訳、一九八八年。

セン、アマルティア・後藤玲子『福祉と正義』、東京大学出版会、二〇〇八年。

竹内章郎・中西新太郎・後藤道夫・小池直人・吉崎祥司『平等主義が福祉を救う――脱〈自己責任＝格差社会〉の理論』、青木書店、二〇〇五年。

橘木俊詔『21世紀日本の格差』、岩波書店、二〇一六年。

橘木俊詔『福祉と格差の思想史』、ミネルヴァ書房、二〇一八年。

橘木俊詔・広井良典『脱「成長」戦略――新しい福祉国家へ』、岩波書店、二〇一三年。

徳永哲也『たてなおしの福祉哲学――哲学的知恵を実践的提言に！』、晃洋書房、二〇〇七年。

徳永哲也編著『福祉と人間の考え方』、ナカニシヤ出版、二〇〇七年。

中野佳裕・ラヴィル、ジャン＝ルイほか『21世紀の豊かさ――経済を変え、真の民主主義を創るために』、コモンズ、二〇一六年。

広井良典『持続可能な福祉社会――「もうひとつの日本」の構想』、筑摩書房、二〇〇六年。

フィッツパトリック、トニー『自由と保障――ベーシック・インカム論争』、武川正吾・菊池英明訳、勁草書房、二〇〇五年。

正村公宏『福祉国家から福祉社会へ――福祉の思想と保障の原理』、筑摩書房、二〇〇〇年。

宮本太郎『福祉政治――日本の生活保障とデモクラシー』、有斐閣、二〇〇八年。

《著者紹介》


徳永　哲也（とくなが　てつや）

1959年　大阪府に生まれる
1983年　東京大学文学部卒業
1996年　大阪大学大学院文学研究科博士課程単位取得満期退学
現在　長野大学環境ツーリズム学部教授（専攻＝哲学・倫理学）


主要業績
単著『はじめて学ぶ生命・環境倫理――「生命圏の倫理学」を求めて』（ナカニシヤ出版，2003年）
『たてなおしの福祉哲学――哲学的知恵を実践的提言に！』（晃洋書房，2007年）
『ベーシック　生命・環境倫理――「生命圏の倫理学」序説』（世界思想社，2013年）
『プラクティカル　生命・環境倫理――「生命圏の倫理学」の展開』（世界思想社，2015年）
『今を考えるための近世思想――時代と向き合った日欧16人の思想家』（晃洋書房，2020年）
編著『福祉と人間の考え方』（ナカニシヤ出版，2007年）
『安全・安心を問いなおす』（郷土出版社，2009年）
『シリーズ生命倫理学8　高齢者・難病患者・障害者の医療福祉』（共著，丸善出版，2012年）
訳書『生命倫理百科事典』（共訳・編集委員，丸善，2007年）


正義とケアの現代哲学
――プラグマティズムから正義論、ケア倫理へ――

2021年9月30日　初版第1刷発行
2023年4月15日　初版第3刷発行
＊定価はカバーに表示してあります

著者　徳永哲也©
発行者　萩原淳平
印刷者　江戸孝典

発行所　株式会社　晃洋書房
〒615-0026　京都市右京区西院北矢掛町7番地
電話　075-(312)-0788番(代)
振替口座　01040-6-32280

装丁　浦谷さおり
組版　（株）金木犀舎
印刷・製本　共同印刷工業（株）

ISBN978-4-7710-3539-3